LES GRANDS ARTISTES

Eugène Delacroix

LES GRANDS ARTISTES

COLLECTION D'ENSEIGNEMENT ET DE VULGARISATION

Placée sous le Haut Patronage

DE

L'ADMINISTRATION DES BEAUX-ARTS

Volumes parus :

Raphaël, par EUGÈNE MUNTZ.
Albert Dürer, par AUGUSTE MARGUILLIER.
Watteau, par GABRIEL SÉAILLES.
Titien, par MAURICE HAMEL.
Léonard de Vinci, par GABRIEL SÉAILLES.
Rubens, par GUSTAVE GEFFROY.
J.-F. Millet, par HENRY MARCEL.
Pierre Puget, par PHILIPPE AUQUIER.
Ingres, par JULES MOMMÉJA.
Poussin, par PAUL DESJARDINS.
Louis David, par CHARLES SAUNIER.
Van Dyck, par FIERENS-GEVAERT.
Velazquez, par ÉLIE FAURE.
Chardin, par GASTON SCHEFER.
La Tour, par MAURICE TOURNEUX.
Fragonard, par CAMILLE MAUCLAIR.
Hogarth, par FRANÇOIS BENOIT.
Boucher, par GUSTAVE KAHN.
Donatello, par ARSÈNE ALEXANDRE.
Percier et Fontaine, par MAURICE FOUCHÉ.

Volumes à paraître :

Ruysdael, par GEORGES RIAT.
Gainsborough, par GABRIEL MOUREY.
Claude Lorrain, par RAYMOND BOUYER.
Praxitèle, par GEORGES PERROT.
Rembrandt, par ÉMILE VERHAEREN.
Lysippe, par MAXIME COLLIGNON.

2800-04. — Corbeil. Imprimerie Éd. CRÉTÉ.

LES GRANDS ARTISTES

LEUR VIE — LEUR ŒUVRE

Eugène Delacroix

PAR

MAURICE TOURNEUX

BIOGRAPHIE CRITIQUE

ILLUSTRÉE DE VINGT-QUATRE REPRODUCTIONS HORS TEXTE

PARIS

LIBRAIRIE RENOUARD

HENRI LAURENS, ÉDITEUR

6, RUE DE TOURNON (VIe)

EUGÈNE DELACROIX

Si modeste que soit ce petit livre par ses proportions et plus encore par le nom dont il est signé, il offre cependant une particularité que je crois devoir signaler au lecteur : c'est la première fois, sauf erreur, qu'on essaie de tirer, en grande partie, des propres écrits de Delacroix les éléments d'une biographie qui, jusqu'à ce jour, malgré les nombreuses études dont il a été l'objet, n'avait pas encore été tentée et qui, pendant longtemps, n'aurait pu l'être. « L'heure n'est pas venue, disait avec raison Paul de Saint-Victor au mois de septembre 1863, d'écrire la vie d'Eugène Delacroix ; il l'a si bien cachée dans la solitude qu'il faudra du temps pour l'en retirer. Il convient d'attendre que les souvenirs aient parlé, que les correspondances se divulguent, que les témoignages se confrontent. » Grâce aux lettres recueillies par Ph. Burty, au Journal intime édité par MM. Flat et Piot, au catalogue de M. Alfred Robaut, on peut aujourd'hui reconstituer à peu près sans lacunes le cours de la vie et la production incessante de Delacroix, depuis les bruyants débuts du jeune homme jusqu'aux derniers triomphes, presque aussi contestés, du vieillard. J'ai plus d'une fois enfin puisé dans les riches dossiers formés par Burty et que la générosité de ses héritiers a fait passer entre mes mains. Aussi bien, puisque le plan de la présente collection ne comporte pas de notes, je crois devoir déclarer ici qu'il n'est pas un détail dont je ne puisse alléguer la source. Je ne me dissimule pas que ce souci de l'exactitude pourra paraître puéril à ceux qui célébreraient volontiers sur un tout autre mode le peintre le plus dramatique de l'École française, ou bien à ceux qui saluent en lui le précurseur des novateurs du jour, mais j'estime que Delacroix est entré dans « ce Panthéon de l'histoire » qu'entrevoyait Danton et qu'il plane au-dessus de nos engouements actuels et de nos querelles éphémères.

C'est donc de lui seul, de son œuvre et de son temps qu'il sera question ici.

Le 8 floréal an VI (27 avril 1798), les citoyens Jean-Henri Riesener, Ferdinand-Pierre-Marie-Dorothée Guillemardet « législateur » (membre du Conseil des Cinq-Cents), et la citoyenne Adélaïde-Denise Œben, femme Pascot, présentaient à l'officier de l'état civil de Charenton (district de Sceaux-l'Unité) un enfant mâle, né la veille du légitime mariage de Charles Delacroix, ministre de la République française « près celle Batave » et de Victoire Œben, son épouse. En l'absence du père, les trois témoins déclarèrent donner à l'enfant les prénoms de Ferdinand-Victor-Eugène et signèrent l'acte encore existant à la mairie de Saint-Maurice.

Charles Delacroix de Contault (et non de Constant, comme on l'a maintes fois imprimé), né à Givry (Marne), le 14 avril 1741, était l'aîné des huit enfants de Claude Delacroix, régisseur des biens des comtes de Belval. Après avoir fait de bonnes études, particulièrement en grec, au collège des Grassins à Paris et professé « l'éloquence » au collège de Rodez, il fut, sur la recommandation de l'évêque de cette ville, J.-M. Champion de Cicé, choisi pour secrétaire par Turgot, alors intendant de la généralité de Limoges, et le suivit avec le titre de premier commis à la Marine et au Contrôle général. Retraité en 1779, avec une pension de 6000 livres, il remplit les fonctions de maire en la justice royale de Contault, puis d'administrateur du département de la Marne, qui l'élut, le 3 septembre 1792, membre de la Convention nationale. Il vota la mort du Roi, sans appel ni sursis, et remplit diverses missions, notamment à Versailles où ses services ont laissé un bon souvenir. Député de la Marne au Conseil des Anciens, il tint, dans des circonstances difficiles auxquelles il se montra inférieur, le portefeuille des Relations extérieures, du 14 brumaire an IV (5 décembre 1795) au 28 thermidor an V (15 août 1797) et se vit remplacer par Talleyrand qui lui fit accepter le poste diplomatique dont il fut rappelé le 6 prairial an VI (25 mai 1798).

Il allait passer à Vienne avec le titre d'ambassadeur lorsque l'attentat de Rastadt vint rompre les négociations entamées entre la France et l'Autriche. Nommé préfet des Bouches-du-Rhône, le 20 germinal an VIII (10 avril 1800), Charles Delacroix signala son passage à Marseille par de nombreuses améliorations et fut unanimement régretté de ses anciens administrés lorsqu'il vint remplir les mêmes fonctions dans la Gironde (3 floréal an XI — 23 avril 1803). Il mourut à Bordeaux, le 26 août 1805.

Quatre enfants étaient issus de son mariage avec la fille de Jean-François Œben, ébéniste du Roi, demeurant à Paris, dans l'enclos de l'Arsenal, et belle-fille de Jean-Henri Riesener exerçant, au même lieu, la même profession, qui tous deux ont laissé un nom illustre dans l'art du meuble.

Le premier de ces enfants, Charles-Henri, né à Paris en 1779, fut tour à tour novice de marine, aspirant de 1re classe, sous-lieutenant au 9e régiment de chasseurs à cheval, nommé lieutenant sur le champ de bataille de Novi et appelé à faire partie de la garde des Consuls (1800), chef d'escadron, aide de camp du prince Eugène (1805), colonel en 1808, baron de l'Empire le 17 mai 1810, blessé au passage de la Dwina (1812) et fait prisonnier de guerre à Wilna, enfin maréchal de camp honoraire le 10 mars 1815.

Raymond de Verninac de Saint-Maur avait dix-huit ans de plus qu'Henriette Delacroix dont il demanda la main en 1798, après avoir échoué auprès d'Eugénie de Beaumarchais. Originaire de Gourdon (Lot) et inscrit au barreau de Paris, il dut à l'amitié de Duport-Dutertre la

EUGÈNE DELACROIX, PAR LUI-MÊME (1829).
(Musée du Louvre.)

périlleuse mission de rétablir, en 1791, la tranquillité dans le Comtat-Venaissin et ne put, pas plus que ses collègues Mulot et Lescène-Desmaisons, empêcher les massacres de la Glacière. Envoyé, l'année suivante, comme chargé d'affaires en Suède, il n'y demeura que quelques mois et en 1795 remplaça Descorches de Sainte-Croix comme ambassadeur près de la Porte. Rappelé sur sa demande en 1797, il fut nommé préfet du Rhône par Bonaparte et, dans une période de dix-huit mois seulement, contribua pour une large part au relèvement matériel et moral de la grande cité lyonnaise ravagée par la guerre civile. Il fut aidé dans cette tâche d'apaisement par sa jeune femme dont la beauté et la bonne grâce eurent pour interprètes David et Chinard. Le premier peignit d'après elle un superbe portrait resté dans la famille ; le second envoya au Salon de l'an VIII une *Diane préparant ses traits, buste ressemblant à Mme Verninac, épouse du préfet du département du Rhône*. Nommé, en 1802, ministre plénipotentiaire près de la République helvétique, Verninac encourut peu après la disgrâce du maître et fut tenu à l'écart jusqu'à sa chute.

Né à Paris en 1784, Henri Delacroix, engagé volontaire, fut, le soir de la bataille de Friedland (14 juin 1807), frappé par un boulet perdu au moment où il venait d'embrasser son frère rencontré par hasard : telle était du moins la tradition de la famille qu'aucun document officiel n'est de nature à confirmer. C'est en l'honneur d'Henri Delacroix qu'Eugène, âgé de six ans, griffonnait quelques croquis informes et un gentil envoi sur un agenda pour l'an XII que conserve précieusement M. Étienne Moreau-Nélaton.

Par ses ascendances paternelles Eugène Delacroix se trouvait à la fois cousin des Berryer et des La Vallette. Le père du grand orateur a raconté dans ses *Souvenirs* comment, très menacé sous la Terreur, il fit appel à Charles Delacroix et comment celui-ci le tira de danger, comment aussi il ne dépendit pas du conventionnel d'arracher au couperet la tête d'un de leurs parents communs, Varoquier, qui fit partie d'une fournée d'habitants de Sedan envoyés à l'échafaud. Les circonstances et probablement aussi les divergences politiques séparèrent longtemps les deux familles ; mais en 1846, après la mort du général Delacroix, quelques lignes de condoléances amenèrent entre Berryer et le peintre un rapprochement qui fut jusqu'à la fin de celui-ci l'un de ses meilleurs réconforts.

Dans l'acte sublime par lequel Mme de La Vallette sauva son mari, à l'heure même où le bourreau recevait l'ordre d'exécution pour le lendemain, elle avait eu comme complice sa propre fille Joséphine, plus tard baronne de Forget, dont le nom revient si souvent dans les lettres et dans le journal de Delacroix et qui lui a de beaucoup survécu.

Du second mariage de la veuve d'Œben, avec son premier commis, était né en 1767 un fils, Henri Riesener qui, ruiné par la Révolution, trouva dans la peinture,

Cliché Lévy.

ÉPISODE DES MASSACRES DE SCIO (1824).
(Musée du Louvre.)

d'abord étudiée en guise de passe-temps sous Vincent et sous David, un moyen d'existence et une notoriété qui le précéda jusqu'en Russie où, de 1816 à 1822, il gagna une petite fortune.

Ces détails de famille qui peuvent paraître superflus ont cependant leur importance, puisque la sœur et le frère aîné de Delacroix eurent, le second surtout, une grande part de son affection et tous deux même une certaine influence sur ses débuts dans la vie. Célibataire par goût et par principe, car il estimait que les soucis de la vie d'artiste sont incompatibles avec les charges d'un ménage, il entretint avec ses très nombreux parents les rapports les plus affectueux. L'un d'eux, Léon Riesener, lui fut surtout cher en raison de leur proche parenté et d'un talent de peintre auquel on n'a pas suffisamment rendu justice.

Delacroix disait un jour à Baudelaire que, dans son enfance, il avait été un « monstre » ; tout au moins fut-il sans doute fort turbulent et c'est cette mobilité de gestes qui eut pour conséquences les divers accidents que les *Mémoires* d'Alexandre Dumas et ceux du Dr Véron ont rendus célèbres : la même année, il faillit se noyer en accompagnant son père (alors préfet des Bouches-du-Rhône) lors de la visite officielle d'un bâtiment de guerre, s'empoisonner avec du vert-de-gris, se pendre à la fourragère de l'uniforme de son frère aîné, être brûlé vif dans son lit et s'étrangler avec une grappe de raisin. Ces particularités anecdotiques, telles qu'en offrent parfois les premières années de gens demeurés obscurs, sont moins intéressantes pour nous que les aptitudes précoces qu'il manifesta pour les beaux-arts : à Marseille, il ne quittait point des yeux l'ébauchoir du sculpteur Joseph Chinard, occupé à modeler les médaillons de son père et de sa mère; à Bordeaux, un professeur de musique frappé de la justesse avec laquelle l'enfant improvisait des basses et des accompagnements, s'offrait à développer des aptitudes qui persistèrent toujours sans avoir été spécialement cultivées.

A neuf ans, Delacroix entra comme interne au lycée Impérial (aujourd'hui Louis-le-Grand) à Paris. Si dur que fût alors le régime imposé à l'Université par son réorganisateur, l'adolescent ne paraît pas en avoir trop souffert, et ces années tantôt odieuses, tantôt entrevues par les autres hommes à travers le prisme du souvenir, ne semblent lui avoir laissé ni haine, ni regrets. Il ne dépassa pas, on le peut croire, dans ses études classiques, une honnête moyenne et ses succès scolaires, s'il en eût, n'ont point laissé de traces. Le Dr Véron et Philarète Chasles furent au nombre de ses condisciples, mais, dans ces sombres préaux, aujourd'hui détruits, il contracta de plus étroites amitiés avec J.-B. Pierret, Félix Guillemardet, fils du collègue de son père qui avait signé son acte de naissance, Frédéric Leblond et Piron, son futur exécuteur testamentaire, dont les noms obscurs n'ont dû qu'à cette affection même de ne point périr.

La correspondance de Delacroix s'ouvre néanmoins par deux lettres adressées à d'autres camarades qu'il avait

LE TASSE DANS LA PRISON DES FOUS, DESSIN (1825).
(Collection Paul Meurice.)

probablement perdus de vue d'assez bonne heure. Le 10 janvier 1814, il contait à Félix Louvet, le propre fils de l'auteur de *Faublas*, l'emploi de ses vacances passées en Normandie et lui décrivait cette abbaye de Valmont, près de Fécamp (acquise par son cousin Bataille, issu de la branche de Delacroix d'Ante, frère du conventionnel), dont une querelle futile l'éloigna pendant quelques années, mais où, de 1829 jusqu'à sa mort, il revint, chaque fois qu'il en eut le loisir, raviver des impressions d'enfance à la fois très douces et très cruelles. En 1814, il s'y abandonnait déjà aux idées « tout à fait romantiques » (le mot est de lui), que lui suggéraient « ces grands corridors dont on voyait à peine le bout, un petit escalier où on ne pouvait passer deux de front » et surtout l'antique église, à moitié ruinée, où se trouvaient les tombeaux des seigneurs d'Estouteville. « La nuit, le vent sifflait au travers des croisées mal jointes, et les chouettes, s'introduisant par l'église, venaient nous réveiller... J'aimais beaucoup à me promener seul en rêvant parmi les ruines de cette église silencieuse, dont les murs sonores répétaient jusqu'au bruit de mes pas. »

Dans une autre lettre portant en tête : « 25 août ou *auguste*, si cela vous plaît », que Burty a cru pouvoir dater de 1815, mais qui, d'après une annotation anonyme ancienne, serait de 1813, Delacroix annonce précisément à un de ses camarades, Jules Allard, qu'il part le lendemain matin pour Valmont, et il ajoute : « J'ai été ce matin chez M. Guérin. J'y ai admiré les beaux tableaux qu'il exposera aux curieux le Salon prochain. J'ai du regret de ne pouvoir étudier cette année chez lui. Mais quand je ne serai plus à ce lycée, je veux y passer quelque temps pour avoir au moins un petit talent d'amateur. » On sait par les notes de Léon Riesener et par celles de Delacroix lui-même que sa première initiation ne lui vint pas seulement de ses visites fortuites à l'atelier de Guérin, mais encore et surtout de ses fréquentes promenades au musée du Louvre, tel que l'avaient constitué les conquêtes de la République et de l'Empire et où prit naissance l'admiration qu'il n'a jamais cessé de manifester pour Titien, pour Paul Véronèse et pour Rubens.

Le plus ancien dessin connu d'Eugène Delacroix est, comme sa première lettre, de 1813 et son premier essai d'eau-forte gravée sur le fond d'une casserole, serait de 1814 ; il n'y a rien à conclure de ces deux tentatives qui n'ont de prix que par l'époque à laquelle elles remontent. Encore même celle-ci n'est-elle point certaine, pas plus qu'on ne saurait assigner une date précise à d'autres essais de burin tracés sur le cuivre même d'un en-tête de lettres officiel provenant de Charles Delacroix et où sont esquissés d'une main déjà plus ferme un buste d'officier du temps de Henri IV, deux moines, dont l'un tient un crucifix, et une tête chevelue où, avec quelque bonne volonté, l'on peut discerner les traits de Murat. La même incertitude règne sur la part réelle prise par l'adolescent aux caricatures publiées par *le Nain jaune*, *le Miroir* et autres organes libéraux des premières années de la Restauration.

Cliché Moreau.

LA GRÈCE A MISSOLONGHI (1826).

(Musée de Bordeaux.)

Ces balbutiements sont très probablement antérieurs à l'entrée de Delacroix dans l'atelier de Pierre Guérin et à son inscription sur les registres de l'École des Beaux-Arts (23 mars 1816). Ce fut son oncle Henri Riesener qui le présenta au peintre de *Marcus Sextus*, et le choix d'un tel maître ne laisse pas de nous surprendre, aujourd'hui que nous connaissons le chemin parcouru par l'élève; mais si Guérin n'eut pas plus d'influence sur lui que sur Géricault, et s'il ne témoigna jamais beaucoup de sympathie à Delacroix, il n'entrava pas du moins le développement de facultés qui, reconnaissons-le, sommeillaient encore à ce moment.

C'est en cette même année 1816 que Delacroix fit, par l'intermédiaire de son ancien condisciple Horace Raisson, la connaissance de J.-B. Soulier, devenu peu après et resté jusqu'à la fin l'un de ses plus fidèles et plus intimes confidents. Élevé en Angleterre où il avait suivi son père durant l'émigration, Soulier avait appris de Copley Fielding la pratique de l'aquarelle, alors à peu près inconnue en France, et acquis celle de l'anglais qu'il enseignait simultanément au vieil Andrieux et au jeune Delacroix. Alors surnuméraire au secrétariat du Domaine extraordinaire et secrétaire particulier du marquis de La Maisonfort, Soulier était, à ce dernier titre, logé dans cette mansarde de l'hôtel du Domaine, place Vendôme, dont plus d'une fois, en ses réminiscences d'arrière-saison, Delacroix a évoqué l'image. Horace Raisson, qu'il traitait, en 1821, de « badaud dans la peau d'un Gascon » et qu'il ne retrouva plus tard que de loin en loin, lui procura néanmoins le premier argent qu'il ait gagné en enluminant pour des brevets d'invention des dessins de machines dont Soulier exécutait le tracé linéaire. « Lorsque je portai à Eugène le prix de son travail (écrivait Soulier au-dessous de la copie d'un billet en anglais où il est question de cette enluminure), il était juché dans le grand salon (du Louvre) en haut d'une immense échelle, copiant des têtes dans les *Noces de Cana* de Paul Véronèse... Nous étions fort joyeux d'avoir gagné douze louis en nous amusant dans ma petite chambre et en plaignant les pauvres gens appelés à exécuter nos dessins. »

Delacroix traversait alors une crise matérielle et physique des plus graves. Il venait de perdre sa mère et se trouvait, ainsi que ses deux aînés, en présence d'une situation financière très obérée. La majeure partie du patrimoine de la famille consistait en biens-fonds situés dans la forêt d'Axe-en-Angoumois et dont il fallait ou réaliser la vente, ou entreprendre l'exploitation. M. et Mme de Verninac s'arrêtèrent à ce dernier parti et allèrent habiter en 1818, au centre même du domaine, un pavillon délabré appelé la Maison des Gardes, où Delacroix, sujet à de cruels accès de fièvre intermittente, vint demeurer aussi. C'est de là qu'il adressait de longues lettres à Pierret, à Soulier, à Guillemardet, où tantôt il contait ses premiers exploits cynégétiques, tantôt il décrivait les prodromes et les phases de sa fièvre ; tantôt, pour abréger les longueurs d'une séparation qui se prolongeait, il s'essayait à traduire

NATURE MORTE (1826).
(Collection Étienne Moreau-Nélaton.)

en prose la dixième églogue de Virgile. Ses séjours à la Maison des Gardes, coupés par un retour à Paris, puis de nouveau à Souillac et sans doute à Croze, dans la famille de son beau-frère, durèrent à peu près jusqu'à la mort de celui-ci (23 avril 1822) et se terminèrent par de pénibles règlements d'intérêt, au bout desquels il ne lui resta, au témoignage de Léon Riesener, que deux couverts d'argent et un pot de porcelaine dorée! Mme de Verninac se trouva également ruinée et dut accepter un emploi de dame de compagnie.

Ces absences fréquentes et son état de santé ne permirent à Delacroix de prendre part qu'à un petit nombre de concours de l'École. Il avait très soigneusement conservé les académies dessinées sous la direction de Meynier, de Houdon, etc., et l'on connaît également de lui des esquisses peintes sur des sujets désignés à l'avance, tels que *Jésus amené devant Caïphe*, *les Dames romaines se dépouillant de leurs bijoux en faveur de la patrie*, un autre *Jésus devant Pilate*; elles sont sans nul doute contemporaines d'un tableau qu'il peignit en 1819 pour l'humble église d'Orcemont (canton de Rambouillet), la *Vierge des moissons*, et qui y est encore conservé. L'interprétation de l'une des compositions les plus célèbres de Raphaël y est flagrante; mais dès lors fidèle au principe dont il ne se départit jamais, il avait cherché sur le papier, sur la toile et au pastel les détails et l'arrangement de son tableau, et ces tâtonnements, qui nous sont parvenus, sont d'un haut intérêt. Il en est de même pour cette *Vierge du Sacré-*

Cœur que le ministère de la Maison du Roi avait eu la singulière idée de demander à Géricault et dont celui-ci confia l'exécution à son jeune camarade. La destinée de ce tableau, terminé seulement en 1822, n'est pas exactement connue; mais Delacroix avait, comme pour la *Vierge* d'Orcemont, conservé les croquis et les esquisses que sa vente posthume a dispersés. Entre temps, il s'essayait à d'assez nombreux portraits d'amis ou de lui-même, à des caricatures politiques ou littéraires dont la plus notable est une macabre *Consultation* de médecins épiés par la Mort, à des fantaisies inspirées tour à tour de la lecture assidue de Byron et de la lutte de la Grèce contre la Turquie. Son véritable, son éclatant début date du Salon de 1822 et de *Dante et Virgile, conduits par Phlégias, traversant le lac qui entoure les murailles de la ville infernale de Dité.*

Personne n'ignore que ce premier envoi fut, dans le *Constitutionnel*, l'objet d'un article élogieux de Thiers qui, de son propre aveu, confiait au papier l'opinion d'un des maîtres de l'école française, c'est-à-dire de François Gérard. Il ne faudrait pas conclure d'une si haute approbation que l'enthousiasme fut unanime, car c'est précisément alors que Delécluze, le critique des *Débats*, employa ce mot de « tartouillade » demeuré fameux, tandis que si l'on en avait cru Landon, le jeune peintre aurait très probablement copié quelque dessin inconnu de l'École florentine! Néanmoins, le ministère de la Maison du Roi acheta le tableau deux mille francs et Delacroix put aller

SARDANAPALE (1827).
(Collection du baron Vitta.)

embrasser son frère, retiré dans un petit village des environs de Loches.

C'est du Louroux qu'il date la première page de son *Journal*, commencé par une touchante pensée de piété filiale, le jour anniversaire de la mort de sa mère (3 septembre 1822), et cet inappréciable document, complet pour cette période, nous permet de suivre pas à pas les phases d'une œuvre nouvelle dont la lutte désespérée de l'indépendance hellénique lui avait fourni le sujet. S'il fit ébaucher le ciel par son ami Soulier et par un aquarelliste anglais de grand talent, Thalès Fielding, avec qui il vivait alors familièrement, il travailla seul et pendant de longs mois à la composition plusieurs fois modifiée de la scène qu'il avait conçue et dont il reprit et aviva la coloration générale lorsqu'il eût obtenu la faveur de voir, avant l'ouverture du Salon de 1824, les paysages de John Constable admis par le jury. Le succès fut considérable parmi la jeunesse, sinon auprès de la critique ; Gérard fut effrayé, Guérin de plus en plus déconcerté et Gros, qui ne pardonnait point à Delacroix de n'avoir point voulu concourir sous ses auspices pour le prix de Rome, déclara qu'il « courait sur les toits ». La légende veut qu'après le Salon, le vicomte Sosthènes de La Rochefoucauld, directeur du département des beaux-arts, ait conseillé à Delacroix de « dessiner d'après la bosse ». Toujours est-il que, cette fois encore, l'administration fit preuve d'intelligence et d'éclectisme en achetant les *Massacres de Scio* au prix relativement élevé de 6000 francs.

Un deuil cruel avait, quelques mois auparavant, frappé l'école française : Géricault avait succombé, le 26 janvier 1824, aux atroces souffrances engendrées par une chute de cheval, et son atelier allait être dispersé. Delacroix professait pour Géricault, — comme tous ceux d'ailleurs qui l'avaient connu et pratiqué, — un véritable culte et il avait même posé pour l'un des naufragés de la *Méduse* ; il résolut de conquérir à tout prix quelques-uns des débris de l'œuvre interrompue et notamment ces fameuses copies d'après les maîtres où Géricault mettait tant de sa propre personnalité. Après les enchères, le bordereau de Delacroix s'élevait à 957 francs ! Il avait obtenu, il est vrai, les études et les copies qu'il garda toute sa vie, mais son budget fut longtemps à se remettre de cette rude atteinte.

De la rupture du traité d'Amiens jusqu'au départ de Napoléon pour l'île d'Elbe, la France fut fermée aux Anglais, et les quelques artistes qui y avaient obtenu un permis de séjour s'étaient vus en butte aux tracasseries de la police impériale. Les traités de 1815 permirent aux deux nations de renouveler connaissance ; mais c'est seulement à ce même Salon de 1824 que fut révélée au public et à la critique l'évolution accomplie dans l'art du portrait et celui du paysage par Thomas Lawrence et par John Constable, et il est piquant de relever sur le livret, entre ces deux noms illustres, ceux de Bonington, de Copley Fielding, de Thalès Fielding, de Harding, de James Roberts, de John Varlay, de Wild. Si la critique ne comprit pas grand'chose à cette manifestation tout à fait

JEUNE TIGRE JOUANT AVEC SA MÈRE (1829).

(Collection Maurice Cottier, léguée en nue propriété au Louvre.)

imprévue pour elle, les jeunes peintres, tels que Paul Huet, qui débutait à ce même Salon, Delaberge et Poterlet en demeurèrent singulièrement émus, et Delacroix, dont l'admiration pour Constable ne se démentit jamais, saisit avec empressement l'occasion d'aller, l'année suivante, étudier sur place des procédés d'exécution et un climat également nouveaux. Arrivé à Londres au mois de mai 1825, il y prolongea son séjour jusqu'en août, y retrouva Thalès Fielding, qui fit de lui un portrait aujourd'hui inconnu, Bonington, qu'il avait perdu de vue depuis le temps où il rencontrait au Louvre « un grand adolescent en veste courte » peignant à l'aquarelle d'après les maîtres flamands, puis toute une colonie d'artistes français : Poterlet, dont le séjour dura peu, Eugène Isabey, Alex. Colin, Enfantin, Henry Monnier, Eugène Lami. Il visita les ateliers de Th. Lawrence, de Wilkie, de Ettie, de Haydon, ne put voir sans doute ni Constable, ni Turner, dont il ne parle point dans ses lettres, prit des croquis chez divers particuliers et surtout dans la riche collection d'armes de M. Meyrick, fit quelques excursions aux environs, mais « le spectacle d'une civilisation extraordinaire », comme il a si justement défini la sensation qu'il emporta de Londres, ne le décida point à s'y fixer, bien qu'il en ait eu un moment la pensée, et il revint à Paris.

Ce voyage, qu'il ne voulut jamais refaire, eut sur son talent une influence momentanée que l'on retrouve très sensible dans le *Christ au Jardin des Oliviers* et surtout dans la *Mort de Sardanapale* reçus au Salon de 1827, en même temps que le *Doge Marino Faliero décapité* et neuf tableaux moins importants (*Portrait du comte Palatiano en costume souliote*, *Deux chevaux de ferme anglais*, *Jeune Turc caressant son cheval*, *Pâtre de la campagne de Rome, blessé, se désaltérant au bord d'un marais*, *Combat du Giaour et du Pacha*, *Nature morte*, *Faust dans son cabinet*, *Milton soigné par ses filles*); de plus, le public était admis à visiter les salles du Conseil d'État (au Louvre) dont la décoration avait été confiée à divers peintres et pour laquelle Delacroix avait obtenu la commande d'un *Justinien composant ses Institutes*. La *Mort de Sardanapale* souleva des orages que nous avons peine à concevoir aujourd'hui et *Marino Faliero* ne fut guère mieux accueilli. Tous deux rentrèrent à l'atelier de l'auteur et y demeurèrent longtemps.

C'est à l'issue du Salon de 1827 qu'eut lieu entre Sosthènes de La Rochefoucauld et Delacroix une entrevue mémorable dont le plus clair résultat fut pour le jeune peintre l'exclusion systématique de toute faveur ministérielle. « Vous jugez, a écrit Delacroix (dans un fragment autobiographique communiqué au Dr Véron et à MM. Rivet et Piron), ce que fut pour moi, sans parler de la question d'argent, un pareil chômage dans un moment où je me sentais capable de couvrir de peintures une ville entière, non que cela eût refroidi mon ardeur, mais il y eut beaucoup de temps perdu en petites choses, et c'était le temps le plus précieux ».

Ces « petites choses » sont principalement des lithographies, des aquatintes et des eaux-fortes dont les divers états constituent aujourd'hui de précieuses raretés, mais qui, tirées à quelques épreuves, étaient pour l'artiste un délassement et non une ressource.

Le public le lui fit bien voir lorsqu'avant de se mesurer avec Shakespeare, il osa s'attaquer une première fois au Jupiter, encore vivant alors, de la poésie allemande et au drame qui avait rendu son nom universellement célèbre : *Faust, tragédie de M. de Gœthe, traduite en français par M. Albert Stapfer, ornée d'un portrait de l'auteur et de dix-sept dessins exécutés sur pierre par M. Eugène Delacroix*, parut en 1828; mais quelques-unes de ces lithographies dataient de 1826, c'est-à-dire du lendemain même du séjour à Londres où il avait vu interpréter par un acteur nommé Terry le personnage de Méphistophélès dans une sorte d'adaptation lyrique du drame de Gœthe qui l'avait beaucoup frappé. Deux de ces planches : *Faust et Méphisto allant au sabbat* et *la Taverne des étudiants*, étaient parvenues jusqu'à Weimar et nous savons par Eckermann quel plaisir prit Gœthe à les commenter devant son respectueux interlocuteur avant de faire de l'album complet un examen plus détaillé. Le *Faust* se vendit fort mal et Delacroix en tira pour tout bénéfice une centaine de francs et une épreuve du portrait de Pie VII d'après Thomas Lawrence. C'était, d'ailleurs, le temps où *Don Quichotte dans sa librairie*, dont il demandait trois cents francs, et *Faust dans son cabinet de travail* restaient des semaines entières à la vitrine de Mme Hulin, rue de la Paix, sans qu'un seul amateur se risquât même à s'informer de leur prix.

De 1826 à 1831, Delacroix prit part aux diverses expositions de la Société des Amis des Arts, à celles de la Galerie Lebrun, rue du Gros-Chenet, ouvertes au profit des Grecs (1826) ou pour l'extinction de la mendicité (1829), aux exhibitions permanentes, dites du Musée Colbert, organisées rue Vivienne par l'éditeur d'estampes Gaugain, qui offraient aux jeunes artistes une revanche contre les rigueurs du jury et une compensation aux longs intervalles des Salons officiels. Il peignit pour quelques particuliers des tableaux de chevalet et des aquarelles, pour lui-même son propre portrait, connu sous le nom de « l'homme au gilet vert » tant de fois reproduit de nos jours, continua cette singulière galerie de lauréats du concours général sortis de l'institution Goubeaux qu'il avait commencée en 1824, exécuta la plupart de ses meilleures lithographies, entr'autres le *Tigre Royal* et le *Lion de l'Atlas*, dont il avait longuement étudié les modèles, en compagnie de Barye, au Jardin des Plantes ou dans des ménageries ambulantes. Après être resté longtemps privé des faveurs du gouvernement, il lui fut presque simultanément commandé par le duc d'Orléans (Louis-Philippe) un *Cardinal de Richelieu disant la messe au Palais-Royal* (détruit en 1848), par la duchesse de Berry *le Roi Jean à la bataille de Poitiers* et par la Maison du Roi *la Mort de Charles le Téméraire à la bataille de Nancy* dont une première esquisse date de 1828, mais qui ne fut commencée qu'en 1831 et terminée qu'en 1834

II

Dans l'intervalle une révolution avait mis sur le trône un prince dont les fils goûtaient beaucoup plus que lui-même la puissance et l'originalité de la nouvelle école et dont l'un des premiers ministres fut précisément le critique d'art du *Constitutionnel* de 1822.

Si Delacroix échoua lorsque l'administration mit au concours le *Boissy d'Anglas* et le *Mirabeau et Dreux-Brézé* dont il subsiste du moins les deux admirables esquisses, il rentra en lice au Salon de 1831 avec neuf tableaux, (*le 28 Juillet 1830*, *le cardinal de Richelieu dans la chapelle du Palais-Royal*, *Indien armé du gourka-krce*, *Cromwell au château de Windsor*, *regardant le portrait de Charles Ier*, *Jeune tigre jouant avec sa mère*, *Meurtre de l'évêque de Liège*, *Tam'O'Shanter*), deux aquarelles (*Gulnare et Conrad*, *Une jeune fille près d'un puits*), et une sépia (*Ecce homo*). De ces neuf tableaux, les plus importants étaient *le 28 Juillet ou la Liberté guidant le peuple* (sur les barricades) qui fut acheté par la Liste civile et valut à son auteur la croix de la Légion d'honneur, et le *Meurtre de l'évêque de Liège*, acquis par le duc d'Orléans pour sa galerie particulière. Delacroix qui, au début de cette même année, écrivait à un ami : « Il n'y a pas de pire situation que de ne savoir jamais comment on dînera dans huit jours et c'est la mienne », vit enfin le destin lui sourire. Une mission diplomatique, dont le chef était le comte de Mornay, se rendait au Maroc et il y fut adjoint à un titre non défini, mais qui le défrayait des dépenses toujours très lourdes d'une semblable expédition.

Embarquée sur un navire à voiles, *la Perle*, la mission louvoya par un gros temps le long des côtes d'Espagne, et, après treize jours d'une traversée pénible, débarqua devant Tanger, le 24 janvier 1832. De Tanger, elle se rendit à Mekinez où eut lieu sa réception officielle par l'empereur Muley Abd-er-Rhaman (22 mars 1832), puis elle revint à Tanger d'où Delacroix s'embarqua pour le sud de l'Espagne et où il passa quelques semaines. Le 5 juillet suivant, il débarquait au lazaret de Toulon après avoir visité Oran et Alger. Une quarantaine, d'autant plus inexorable que le choléra venait de décimer l'Europe, le retint plus longtemps qu'il n'aurait voulu derrière les grilles de la Santé et il ne réintégra son atelier du quai Voltaire que dans le courant du mois d'août.

« Je suis sûr, écrivait Delacroix à Pierret, de Tanger, le 29 février précédent, que la quantité assez notable de renseignements que je rapporterai d'ici ne me servira que médiocrement. Loin du pays où je les trouve, ce sera comme des arbres arrachés de leur sol natal ; mon esprit oubliera ces impressions et je dédaignerai de rendre imparfaitement et froidement le sublime vivant qui court ici dans les rues et nous assassine de sa réalité. » Malgré ses appréhen-

LION DÉVORANT UN LAPIN (1829).

(Lithographie originale.)

sions, communes à tous les artistes et à tous les écrivains effrayés de leur insuffisance devant les spectacles ou les sentiments qu'ils ambitionnent de traduire, Delacroix puisa jusqu'à la fin de sa vie dans le trésor qu'il avait amassé en quelques mois. Au Salon de 1833, diverses aquarelles révélaient seules ce voyage dont les journaux n'avaient point parlé, mais à celui de 1834 figuraient une *Rue à Mekinez* et les *Femmes d'Alger dans leur appartement* (le jury avait refusé un *Choc de cavaliers maures*); à celui de 1838, *les Convulsionnaires de Tanger*; à celui de 1841, la *Noce Juive dans le Maroc;* à celui de 1845, *Muley Abd-er-Rhaman sortant de son palais de Mekinez* (Musée de Toulouse); à celui de 1848, des *Comédiens ou bouffons arabes* (Musée de Tours); à celui de 1853, des *Pirates africains enlevant une jeune femme*; à celui de 1859, *les Bords du fleuve Sebou*, sans parler de l'album, aujourd'hui dépecé, de dix-huit aquarelles importantes exécutées pour le comte de Mornay, du précieux carnet de croquis et de notes acquis par Burty à la vente posthume du maître et légué par lui au Louvre, de nombreuses répétitions, variantes ou réductions (entr'autres celle des *Femmes d'Alger* offerte par Bruyas au Musée de Montpellier) et de ces *Lions* dont les luttes terribles ou les nobles nonchalances s'encadrent dans des paysages vibrants de lumière et non point empruntés, comme ceux des aquarelles de Barye, aux sombres horizons de la forêt de Fontainebleau.

Dès son retour à Paris, Delacroix avait repris les tâches interrompues et vécu de nouveau dans le commerce des grands poètes étrangers dont il était l'émule et le frère. La *Liberté guidant le peuple*, où l'allégorie se mêle d'une si puissante façon à la réalité épique, est le seul tableau d'histoire moderne qu'il ait peint et il faut vivement regretter qu'il n'ait pas donné suite à la velléité, un instant manifestée dans son *journal*, de traiter quelques épisodes des guerres de l'Empire. L'insuccès de ses esquisses de *Boissy-d'Anglas* et de *Dreux-Brézé* n'était pas, il est vrai, de nature à l'encourager dans cette voie nouvelle, tandis que la Bible, le Nouveau Testament, l'histoire grecque, l'histoire romaine, le sollicitaient sans lui faire craindre de revenir sur des sujets pour la plupart maintes fois traités avant lui. Répondant lui-même aux objections de sa propre pensée, il écrivait sur un carnet : « Quoi ! vous êtes original, dites-vous, et votre verve s'allume à la lecture de Byron ou de Dante, etc. Cette fièvre, vous la prenez pour le besoin de produire ; ce n'est plus qu'un besoin d'imiter. Eh bien ! c'est qu'on n'a pas encore dit la centième partie de ce qu'il y a dire ». Et ailleurs, il a de nouveau exprimé la même pensée sous une forme différente : « Ce qui fait les hommes de génie, ce ne sont pas les idées mêmes, c'est cette idée qui les possède que ce qui est dit ne l'a pas encore été assez ».

La monarchie de juillet qui avait décoré Delacroix lui faisait, malgré l'antipathie prononcée de Louis-Philippe non pour l'homme, mais pour le peintre, une part dans ses commandes et ses acquisitions dépendant alors des ministères du Commerce et des Travaux publics, de

BATAILLE DE NANCY, MORT DE CHARLES LE TEMÉRAIRE (1831).
(Musée de Nancy.)

l'Intérieur, et de la Maison du Roi. Au Salon de 1834, la *Bataille de Nancy* enfin terminée (Musée de Nancy), et le portrait de *Rabelais* (bibliothèque de Chinon), appartenaient à l'État, tout comme le *Saint Sébastien secouru par les saintes femmes* (Salon de 1836), réintégré en 1873 dans l'église de Nantua (Ain), après un procès retentissant, la *Bataille de Taillebourg* (Salon de 1837), destinée au Musée de Versailles et l'*Entrée des Croisés à Constantinople* (Salon de 1841) qui, après un long stage dans ces mêmes galeries, a été revendiqué par le Louvre.

Il ne faudrait pas conclure de ces achats, d'ailleurs très maigrement payés, que Delacroix fût devenu *persona grata* auprès du légendaire jury de qui dépendait l'admission aux Salons annuels. A celui de 1834, il s'était vu refuser non seulement la *Rencontre de cavaliers maures*, mais encore l'*Ermite de Copmanhurst*; à celui de 1836, un *Hamlet au cimetière* (qu'il ne faut pas confondre avec une composition toute différente exposée en 1839), à ce même Salon de 1839, le *Tasse sur son lit dans sa prison*, un *Camp arabe* et *Ben Abou auprès d'un tombeau*. En 1840, la *Justice de Trajan* ne fut acceptée qu'à *une* voix de majorité et, en 1845, l'*Éducation de la Vierge* fut retournée à son auteur! L'*Assassinat de l'évêque de Liège* (1831) et le *Prisonnier de Chillon* (Salon de 1835) avaient été, il est vrai, acquis par le duc d'Orléans; c'est à la vente posthume de celui-ci (1853) que Frédéric Villot se vit adjuger le premier et que M. Moreau père, déjà possesseur de l'admirable *Naufrage de don Juan* (Salon de 1841) put faire entrer dans sa galerie le *Prisonnier de Chillon* soigneusement conservé aujourd'hui par son petit-fils.

Immobilisés depuis dans des collections publiques, ou cotées à des prix de plus en plus élevés lorsqu'elles passent en vente, ces toiles attirèrent en leur temps à l'auteur des critiques dont nous n'avons plus souci maintenant mais qui lui causaient parfois de cruelles blessures. L'opinion publique associait déjà son nom, comme elle l'associe encore aujourd'hui, à celui de Victor Hugo, et ce rapprochement irritait d'autant plus Delacroix que des dissentiments personnels, dont l'origine est demeurée obscure, avaient affaibli des relations d'abord, semble-t-il, assez cordiales. Delacroix a bien, il est vrai, dessiné les costumes du drame d'*Amy Robsart*, mais on ne trouve son nom ni sur les listes des « bandes » d'*Hernani*, ni parmi ces modèles des portraits d'Achille Devéria dont l'atelier était le centre de ralliement de ces mêmes bandes, et lorsqu'en 1837 il refusa de céder au duc d'Orléans *Marino Faliero*, en apprenant qu'il comptait l'offrir à Victor Hugo, la rupture dut être complète. Le peintre en titre du cénacle était, dès avant 1830, Louis Boulanger, et bien que celui-ci eut écrit dans *l'Artiste* un article dithyrambique sur l'esquisse de *Boissy d'Anglas*, ce n'est pas dans l'entourage primitif de Victor Hugo, — à l'exception toutefois de Théophile Gautier, — que se rencontrèrent les premiers défenseurs de Delacroix. De même qu'il fréquentait plus volontiers des salons doctrinaires et « juste milieu » en art comme en politique, tels

Cliché Lévy

FEMMES D'ALGER DANS LEUR APPARTEMENT (1834).

(Musée du Louvre.)

que, ceux du baron Gérard, de Bertin, des Miss Clark et de Cuvier, et qu'il n'eut parmi les chefs romantiques les plus en vue de relations durables, sinon fréquentes, qu'avec Alex. Dumas, Stendhal, Musset et Mérimée, de même, il trouva dès ses débuts l'appui de Thiers, de Vitet, de Jal, de Ch. Lenormant. Celui de Gustave Planche, de Jules Janin, d'Alex. Decamps, de Th. Thoré, de Prosper Haussard, de Th. Gautier, de Louis Peisse, d'Eugène Bareste ne se manifesta que plus tard et, en dépit parfois de défaillances passagères, lui demeura fidèle sans réussir à vaincre des préjugés qui, à la vérité, durent encore et dureront toujours.

En 1833, M. Thiers « le seul homme placé pour être utile, a écrit plus tard Delacroix, — qui m'ait tendu la main », — lui demanda de peindre pour le salon du Roi, à la Chambre des Députés, quatre figures allégoriques : l'*Agriculture*, l'*Industrie*, la *Guerre*, la *Justice*, accompagnées de pendentifs représentant l'Océan, la Méditerranée et les principaux fleuves de France. Les dispositions matérielles de la pièce se prêtaient peu au développement de ce thème et ce cadre étroit ne permettait pas à Delacroix de donner toute la mesure de ce qu'il devait accomplir un peu plus tard dans le même ordre de décoration murale. A Valmont, « séjour de paix et d'oubli du monde entier », il s'essaya, en 1834, à peindre deux fresques qui subsistent encore : un *Bacchus* et une panthère, une *Léda* et un cygne, et cette tentative, qui réussit à son gré, l'encouragea dans le long et difficile travail du salon du Roi,

terminé seulement en 1838, mais que la presse fut admise à visiter dès 1836. En cette même année 1838, M. de Montalivet, ministre de l'Intérieur, confiait à Delacroix la décoration de la Bibliothèque de la Chambre. Sur les deux hémicycles et les cinq coupoles comprenant vingt pendentifs que présente cette Bibliothèque, Delacroix résolut de peindre l'histoire même de la civilisation antique depuis le mythe d'Orphée jusqu'à l'invasion d'Attila, en y rattachant divers épisodes destinés à marquer les phases des progrès accomplis un moment interrompus par le retour offensif de la barbarie : chaque coupole reçut donc une désignation et une destination différentes à partir de l'hémicycle représentant *Orphée venant enseigner aux Grecs les arts de la paix :* la première, dite de la *Poésie*, comporte : *Alexandre et les poèmes d'Homère*, l'*Éducation d'Achille*, *Ovide chez les Barbares*, *Hésiode et la Muse* ; la seconde, dite de la *Théologie*, représente *Adam et Ève* chassés du Paradis, la *Captivité à Babylone*, la *Mort de saint Jean-Baptiste*, la *Drachme du Tribut;* la troisième coupole, consacrée à la *Législation*, montre *Numa et Égérie*, *Lycurgue consultant la Pythie*, *Démosthène haranguant les flots*, *Cicéron accusant Verrès ;* la quatrième coupole est celle de la *Philosophie*, caractérisée par *Hérodote interrogeant les Mages*, les *Bergers chaldéens inventeurs de l'Astronomie*, *Sénèque se faisant ouvrir les veines*, *Socrate et son démon* ; dans la cinquième coupole, dite des *Sciences*, nous voyons la *Mort de Pline l'Ancien*, *Aristote décrivant les animaux que lui envoie Alexandre*,

COMBAT DU GIAOUR ET DU PACHA (1835).
(Collection du baron Gérard.)

Hippocrate refusant les présents du roi de Perse, Archimède tué par un soldat.

Ce vaste ensemble ne sortit pas tout d'une pièce du cerveau de Delacroix et sa composition fut, avant de prendre sa forme définitive, bien des fois remaniée. M. Robaut a relevé et décrit plus d'un projet qui ne fut pas exécuté, mais dont l'esquisse dessinée ou peinte nous est parvenue, de même que le maître avait cherché sur le papier ou sur la toile les attitudes et les accessoires des personnages sur lesquels son choix s'était arrêté en dernier lieu. Bien plus, il n'avait confié à personne le soin de déterminer les ornements des mascarons destinés à relier entre eux les pendentifs. Aussi chacun de ces mascarons présentait-il un type différent qu'il avait, dit-on, recueilli sur le vif aux environs de Paris. Toutefois, pour l'exécution sur place, très pénible et très fatigante, Delacroix se fit aider par quelques-uns de ses élèves de l'atelier qu'il avait ouvert, Léger Chérelle, Ad. Delestre, de Planet et surtout par Lassalle-Bordes, dont il ne faut accueillir d'ailleurs les revendications tardives et les insinuations malveillantes qu'avec beaucoup de réserve.

Neuf années suffirent à Delacroix pour mener à bien cette tâche colossale, achevée en même temps que la décoration de la bibliothèque de la Chambre des Pairs (aujourd'hui Sénat) dont il avait reçu la commande en 1845. Moins importante par ses dimensions, puisqu'elle ne comportait qu'un hémicycle, une coupole et quatre pendentifs, cette décoration, dont l'idée première avait été suggérée à Delacroix par Frédéric Villot, était empruntée à un épisode du quatrième chant de l'*Enfer* où Dante rencontre aux Champs Élysées Homère, Horace, Ovide, Lucain, et à un sujet déjà traité sous une autre forme à la Chambre des Députés : Alexandre faisant déposer l'*Iliade* et l'*Odyssée* dans une cassette d'or, après la bataille d'Arbelles. Les quatre pendentifs représentaient *Saint Jérome*, *Orphée*, *Cicéron* et la *Muse d'Aristote*.

C'est aussi à Lassalle-Bordes qu'il eut recours pour la mise en train de ce travail et celle d'une chapelle de la nouvelle église de Saint-Denis du Saint-Sacrement, rue de Turenne, au Marais, dont la commande avait été attribuée, le 14 février 1839, par le préfet de la Seine (M. de Rambuteau) à Robert-Fleury qui se récusa pour raison de santé au mois de mai suivant. Un nouvel arrêté du 4 juin 1840, confia cette décoration à Delacroix, qui fit ébaucher la composition, après en avoir terminé l'esquisse, au mois de juin 1843 et ne se mit personnellement à l'œuvre que dans le courant de 1844, au sortir d'une cruelle atteinte de laryngite. Dix-sept jours, suivant Ad. Moreau, vingt-quatre, suivant une note de Ph. Burty, lui suffirent pour mener à bien cette *Pieta*, la peinture religieuse la plus pathétique de l'École française moderne.

Elle lui valut cependant de la part d'un anonyme une attaque tellement violente que je crois utile d'en placer quelques extraits sous les yeux du lecteur. La postérité ne voit d'ordinaire un grand artiste ou un grand écrivain qu'à travers le rayonnement de sa gloire posthume et les

LE PRISONNIER DE CHILLON (1835).

(Collection Étienne Moreau-Nélaton.)

querelles que lui a, de son vivant, suscitées l'envie ou l'ignorance la touchent peu : il est bon cependant qu'elle sache à quel prix cette gloire est acquise et, pour ne s'en tenir ici qu'à ce seul exemple, de quelles amertumes Delacroix fut abreuvé en plein épanouissement de son génie, comme il le fut d'ailleurs au début et comme il devait l'être à la fin de sa carrière.

Le rédacteur inconnu du *Journal des artistes* (20 octobre 1844, 2e série, tome I, p. 349-352), après une description minutieuse de l'œuvre où pas un détail ne trouve grâce devant lui, à l'exception d'un ciel « admirable », conclut ainsi :

« La pensée de la *Pieta* n'appartient en aucune manière à M. Delacroix. C'est une compilation des plus maladroites qu'on puisse voir. M. Delacroix a mis à contribution Michel-Ange, Le Brun, David et lui-même, M. Delacroix. Il a pillé et s'est pillé pour former un ensemble sans ensemble, un tout décousu, dépourvu de sentiment et d'âme, une réunion d'éléments opposés les uns aux autres, mentant à l'unité, à la sainteté de l'action. Il vole à Michel-Ange son idée mère, l'idée du groupe en marbre dont on peut voir le plâtre à l'école des Beaux-Arts, travail merveilleux, l'un des plus beaux ouvrages de Michel-Ange ; expression sublime du génie de la science anatomique et de la puissance vraiment originale du plus grand statuaire des âges modernes ; à Le Brun, sa Madeleine ; à David, sa femme aux parfums ; à M. Delacroix, tout ce qu'il n'a pas pris à Michel-Ange, à Le Brun, à David.

. . . .

« Qu'on ne s'y trompe pas, nous ne voulons pas attaquer un homme, mais nous voulons signaler l'artiste qui ose se placer comme chef d'école, se poser en maître et répandre autour de lui les pernicieuses doctrines d'un mépris profond pour la vérité, la beauté, le style et la pensée. Nous ne disons pas : *Cet homme est un charlatan*, mais nous disons : *Cet homme est l'équivalent d'un charlatan*, par l'importance qu'il se donne et par l'habileté qu'il déploie. Jamais il ne paraît, et il est toujours partout; iamais il ne demande, mais il obtient toujours tout. Nous rougirions de cacher nos convictions, nous nous trouverions coupables en les taisant vis-à-vis de ceux que nous désirons pouvoir éclairer de nos faibles lumières. Nous savons qu'il y a des temps de transition, des époques de passage, où l'art reniant son passé souvent à toute outrance, cherche à s'élancer dans des voies nouvelles; mais quand ceux qui prétendent se mettre à la tête du mouvement sont vicieux, maladifs, erronés dans leurs principes, ambitieux, avides, infatigables pour écraser ce qui n'est pas eux, et malgré cela, impuissants et sans valeur, nous croyons qu'il y aurait de la lâcheté à ne pas les signaler dans leur œuvre et dans leur conduite.

« Quelques mots encore! Il y a cinq ans, M. Delacroix a été chargé du tableau dont nous venons de parler. Cinq semaines ont suffi pour concevoir, exécuter, terminer l'œuvre et dorer le cadre. Cinq ans d'attente pour arriver à un résultat si lamentable! Nous n'accuserons pas la direction des Beaux-Arts de la Ville du choix qu'elle a fait de M. Delacroix, en lui confiant une tâche si grave : nous connaissons trop les idées saines et élevées qui président généralement à ses délibérations pour n'être pas convaincu que cette direction a eu dans cette affaire la main forcée. Mais nous accusons les hommes placés dans les conseils ou dans nos assemblées législatives, intriguant ou sollicitant en faveur de gens qui doivent leur réputation non pas au talent, à la science, au savoir, mais aux coteries, mais aux camaraderies, à l'audace ! Que celui-là donc qui a voulu que M. Delacroix pût exécuter un tableau religieux aille contempler cette honteuse peinture ; qu'il rougisse s'il est possible, d'avoir arraché à l'administration l'ordre de cette commande. Puisse cette leçon ne pas être perdue pour lui, mais surtout pour nous tous qui n'entendons pas, en acquittant notre dîme annuelle et fiscale avec tant de fidélité, recevoir en échange des œuvres faites pour dégrader le sentiment de la divinité !

« Agenouillez-vous donc devant toutes ces figures repoussantes, devant cette Madeleine aux yeux avinés, devant cette Vierge crucifiée, inanimée, plâtrée et défigurée ; devant ce corps hideux, putréfié, affreux, qu'on ose nous présenter comme l'image du Fils de Dieu ! »

Cette bordée d'injures, de délations venimeuses et d'indignation burlesque est contemporaine de cette période magnifiquement féconde, où non content de se placer au premier rang des décorateurs de tous les temps et de tous les pays, Delacroix trouve encore le loisir de peindre *Médée furieuse*, la *Justice de Trajan*, la *Prise de Constantinople*, la *Mort de Marc-Aurèle*, le *Naufrage de don Juan*, le *Sultan Muley Abd-er-Rhaman*, le *Christ en croix*, sans parler de trois cartons pour les vitraux de l'église d'Eu et de la chapelle royale de Dreux, ou d'une foule de tableaux de chevalet impossibles à énumérer ici, auxquels il faut joindre deux interprétations lithographiques d'*Hamlet* et de *Gœtz de Berlichingen* dont il convient de dire au moins un mot. La suite d'*Hamlet*, comportant alors treize planches et tirée en tout à quatre-vingts épreuves (vingt sur chine et soixante sur blanc), avait été commencée dès 1834, reprise en 1836 et terminée seulement en 1843, date de sa publication qui fut faite aux frais de Delacroix : il s'en vendit cinq exemplaires! *Gœtz de Berlichingen* avait été de même commencé en 1836, et Delacroix en avait dessiné sept épisodes, mais devant l'insuccès d'*Hamlet*, il se contenta de demander à l'imprimeur quelques épreuves pour les distribuer à de rares privilégiés. Quatre de ses dessins originaux furent, il est vrai, confiés à l'atelier de gravure du *Magasin pittoresque* et reproduits sur bois dans cette revue. Retrouvées chez l'imprimeur après la mort de Delacroix et acquises par M. Paul Meurice, les treize pierres d'*Hamlet* et trois autres compositions demeurées inédites (Reproches d'Hamlet à Ophélie, scène de folie d'Ophélie, combat d'Hamlet et de Laërte dans la fosse) ont fourni en 1864 un assez bon tirage à deux cents exemplaires; depuis, les pierres ont été sciées et encadrées. Qu'il manie le crayon lithographique ou le pinceau,

Delacroix demeure profondément personnel, car, suivant la remarque de M. Germain Hédiard, qui a consacré à cette face du génie du maître une étude excellente (*l'Artiste*, août-octobre 1889), il n'a rien emprunté à Géricault, à Bonington, à Goya, à Charlet qu'il admirait tant. Dans toute parcelle du domaine de l'art où il a posé le pied, il a été lui-même et il y est demeuré seul.

On a peine à croire que l'auteur de travaux aussi variés et aussi considérables ait été un valétudinaire dont la santé exigeait des soins minutieux et qui, dès qu'il le pouvait, interrompait son vaste labeur pour de rapides villégiatures à Valmont, à Dieppe, à Nohant, chez George Sand, à Augerville, chez son parent Berryer, par des séjours parfois prolongés fort tard en automne dans sa petite maison de Champrosay, par diverses saisons aux Eaux-Bonnes, à Vichy, à Plombières, à Ems, et en 1838 par un voyage en Belgique et en Hollande ; celui d'Italie, qu'il projetait depuis 1820 et auquel il songeait encore en 1862, n'eut jamais lieu. Il ne faut pas croire Delacroix sur parole lorsque, dans ses lettres, il s'accuse de paresse, ou qu'il appelle le cigare « un instrument de relâchement et de corruption »; la vérité est qu'il note quotidiennement tout ce qui frappe ses yeux et son esprit, qu'à Champrosay il dessine à la lampe lorsque sa vue n'est pas trop fatiguée, d'après les *Chasses* de Rubens et qu'il y compose, non parfois sans peine, divers articles pour la *Revue des Deux Mondes* et le *Moniteur*. Dans sa jeunesse, disait-il à Baudelaire, il lui fallait, pour s'astreindre à sa tâche du jour, la perspective d'un divertissement nocturne : dîner, bal ou concert; plus tard, il pouvait travailler « sans aucun espoir de récompense » et il ajoutait : « Si vous saviez combien un travail assidu rend indulgent et peu difficile en matière de plaisir! L'homme qui a bien rempli sa journée sera disposé à trouver suffisamment d'esprit au commissionnaire du coin et à jouer aux cartes avec lui ». La boutade est jolie et la pensée est juste; mais, bien que Delacroix, selon le témoignage de Léon Riesener, mît volontiers ses inférieurs sur un pied d'égalité, pourvu qu'ils fussent intelligents et dévoués, il aima toujours le « monde » et resta fidèle aux goûts élégants qu'il tenait de son éducation première. Baudelaire, qui avait pratiqué les deux hommes, comparait « pour la tenue extérieure et pour les manières » Delacroix à Mérimée : « C'était la même froideur apparente, le même manteau de glace recouvrant une pudique sensibilité et une ardente passion pour le beau et pour le bien; c'était, sous la même hypocrisie d'égoïsme, le même dévouement aux amis secrets et aux idées de prédilection ».

III

La Révolution de 1848 ne compta point Delacroix parmi ses partisans et cependant il n'eut pas à s'en plaindre. Les artistes, délivrés enfin de l'ostracisme académique, l'élurent l'un des premiers dans le jury composé cette fois par eux-mêmes, mais il déclina toute fonction effective et passa la majeure partie de l'année et plusieurs mois de 1849 à Champrosay, sans se désintéresser cependant des Salons auxquels il envoya diverses toiles de petite dimension. Vers le même temps, un arrêté de Charles Blanc, devenu directeur des Beaux-Arts, lui confiait le soin de peindre la partie centrale de la galerie d'Apollon au Louvre, abandonnée depuis plus d'un siècle et dont Duban venait de reprendre la restauration. Le Brun n'avait laissé aucun croquis du *Triomphe du soleil* qu'il se proposait de représenter dans ce vaste plafond et Delacroix, en adoptant le même thème, avait toute liberté de l'interpréter à sa guise, mais il lui fallait aussi tenir compte des portions de la décoration générale déjà exécutées au XVIIIe siècle. La difficulté du programme avait de quoi le tenter et, pour la vaincre, il résolut de ne point s'écarter de la donnée imaginée par son prédécesseur ; seulement, au lieu d'en tirer l'allégorie courtisanesque dans laquelle Le Brun se fût certainement complu, il voulut que cette lutte du dieu du jour et du serpent Python fût celle de la lumière sur les ténèbres et de la vie sur le chaos. De cette pensée naquit l'admirable composition, devenue rapidement célèbre, livrée dès le mois d'octobre 1851 aux regards de la foule et non plus enfermée, comme les précédentes, dans quelque palais inaccessible au public.

Delacroix avait eu recours à celui de ses élèves qu'il appelait familièrement son « clerc » et qui demeura son disciple le plus dévoué, Pierre Andrieu, pour les travaux préparatoires de la galerie d'Apollon. C'est encore lui qu'il s'associa (ainsi qu'un peintre ornemaniste, J.-B.-Louis Boulanger) pour la gestation plus laborieuse du salon de la Paix à l'Hôtel de Ville et pour une chapelle de l'église Saint-Sulpice, dont les commandes dataient l'une et l'autre du passage de Charles Blanc à la direction des Beaux-Arts.

Le succès incontestable du plafond du Louvre eut une conséquence assez inattendue. Pour la première fois, les œuvres anciennes et nouvelles du maître trouvaient acquéreur à des prix certes bien modestes et les marchands venaient frapper à la porte de son atelier.

« C'est vraiment à n'y pas croire, écrivait-il à M. Moreau père, le 14 avril 1853, et pour ma part je n'y comprends rien. Il semble maintenant que mes peintures soient une nouveauté et que les amateurs vont m'enrichir après m'avoir méprisé ».

MÉDÉE FURIEUSE (1838).
(Musée de Lille.)

Ce cri de surprise à la fois amère et joyeuse, il le poussait au lendemain de la vente de la duchesse d'Orléans où cinq de ses tableaux venaient d'atteindre la somme (considérable pour l'époque) de 21 000 francs; mais aussi lors de l'exposition préliminaire de cette même collection, Théophile Silvestre qui l'accompagnait, lui avait entendu dire, à propos des ricanements de quelques badauds : « Voilà trente ans que je suis livré aux bêtes! »

Commencé sous la seconde République, le salon de la Paix fut inauguré en 1854, lors des réjouissances officielles qui marquèrent les débuts du second Empire. Rien n'en subsiste depuis le 24 mai 1871 où la destruction totale de l'édifice anéantit également les esquisses léguées par Delacroix à Andrieu et cédées par celui-ci en 1869 pour le futur musée Carnavalet. La Ville qui avait, selon la remarque de M. Robaut, dépensé 80 000 francs pour faire graver les compositions de Henri Lehmann, n'avait pas déboursé un centime pour celles de Delacroix et si la *Monographie de l'Hôtel de Ville* de Victor Calliat n'en contenait pas deux planches au burin d'architecte, nous ignorerions aujourd'hui la disposition générale du motif central (*La Paix vient consoler les hommes et ramène l'Abondance*), des huit tympans représentant divers épisodes de la vie d'Hercule et des onze caissons dédiés aux divinités favorables à la paix.

L'Exposition universelle de 1855 fut pour Delacroix la consécration tant de fois rêvée et qui jusqu'ici l'avait toujours fui; le public comprit alors qu'il était en face d'un maître et la critique fut unanime (moins deux voix, celle de Maxime Du Camp et celle des Goncourt qui ne furent guère, en la circonstance, que les porte-paroles de Gavarni), à le saluer comme tel. La salle spéciale qui lui avait été réservée ne comportait pas moins de trente-six tableaux, les uns extraits des musées du Luxembourg (*Dante et Virgile*, *Massacre de Scio*, la *Liberté guidant le peuple*, simplement intitulée au livret de 1855 : *Le 28 Juillet 1830*, *Noce juive*, *Femmes d'Alger dans leur appartement*), de Versailles (l'*Entrée des croisés à Constantinople*), de Lille (*Médée furieuse*), de Rouen (*Justice de Trajan*), de Nancy (*Mort de Charles le Téméraire*), de l'église Saint-Paul, à Paris (*Christ au jardin des Oliviers*), du Conseil d'État (*Justinien composant ses lois*), les autres empruntés à des galeries particulières : M. Ad. Moreau avait prêté le *Naufrage de don Juan* et le *Prisonnier de Chilon*; M. Fr. Villot, le *Massacre de l'évêque de Liège*; Alexandre Dumas, le *Tasse en prison*; M. Mala, les *Convulsionnaires de Tanger* ; M. Cottier, la *Mort de Valentin* et *Hamlet*; Mme Davin, le *Combat du giaour et du pacha*; M. Benjamin Delessert, les *Adieux de Roméo et de Juliette* (1845); Mme Gabriel Delessert, *Juliette au tombeau* (1851); M. le vicomte d'Osembray, *Le roi Jean à la bataille de Poitiers*; M. Bonnet, le *Christ en croix* (1847); M. le comte de Geloës, le *Christ au tombeau* (1848); de plus l'auteur avait fait sortir de son propre atelier divers tableaux dont quelques-uns n'avaient jamais trouvé acquéreur, ou qui voyaient le jour pour la première fois : *Marino Faliero* (Salon de 1827), l'esquisse de *Boissy d'Anglas* (1831), *Marc-Aurèle mourant,* la *Madeleine dans le désert* et la *Sybille* (Salon de 1845), deux tableaux de fleurs : *Marguerites et Dahlias* et *Corbeille renversée dans un parc* (Salon de 1849), une *Famille arabe* (1854), une *Tête de vieille femme*, de date inconnue, une *Chasse aux lions* (1854), acquise par l'État et envoyée à Bordeaux où elle a été à peu près complètement détruite en 1870 par un incendie, enfin *les Deux Foscari* (1855), acquis par le duc d'Aumale (Musée Condé).

A l'issue de l'Exposition, Delacroix reçut l'une des dix grandes médailles d'honneur et le collier de commandeur. Ce sont, avec le titre de membre de la Commission municipale où il siégea de 1852 à 1861 et dont il prit les fonctions fort au sérieux, les seules faveurs que lui ait accordées le gouvernement impérial. Sous la présidence de Louis-Napoléon, il avait eu la velléité, promptement abandonnée, de briguer la place d'administrateur de la manufacture des Gobelins. En 1854, il songea un instant à disputer à M. de Niewerkerke la direction des Musées. Mais l'ambition qui lui tenait le plus au cœur et qu'il mit vingt ans à satisfaire fut son admission dans la quatrième classe de l'Institut. Dès 1837, à la mort du baron Gérard, il avait posé sa candidature, à laquelle il vit préférer celle de Schnetz; l'année suivante, le siège de Thévenin fut adjugé à Langlois qui eut lui-même pour successeur, en 1839, Auguste Couder. En 1849, il y eut une vacance par suite du décès de E.-B. Garnier ; entre dix postulants l'Académie choisit Léon Cogniet. En 1851, lorsque Jèan Alaux vint remplacer Drölling, ce fut pire : le nom de Delacroix ne fut même pas porté sur la liste de présentation ! En 1853, Hippolyte Flandrin fut le candidat de la majorité pour le fauteuil de Blondel. Enfin, le 10 janvier 1857, Delacroix remplaça l'un de ses adversaires les plus déclarés et de qui l'éloignait une antipathie réciproque : Paul Delaroche. Encore, selon Eugène Véron, ne dut-il son triomphe qu'à la section de musique qui aurait voté pour lui parce qu'il avait joué du violon dans sa jeunesse !

A la joie très vive que lui causa cette élection tant désirée et si vivement disputée était venue, quelques mois auparavant, s'ajouter une autre satisfaction : Théophile Silvestre avait tracé de Delacroix, en tête de son *Histoire des artistes vivants*, le premier portrait physique et moral vraiment ressemblant, en dépit de quelques exagérations et de quelques inexactitudes, qu'on ait donné de lui. Le modèle ne s'y était pas trompé. « Comment ne serai-je pas content, cher monsieur? lui écrivait-il le 3 décembre 1855. Vous me traitez comme je voudrais que cette postérité, pour qui vous savez que je professe beaucoup de respect, me traitât », et, à propos du catalogue sommaire de son œuvre joint à la première édition de l'*Histoire des artistes vivants*, il lui donnait ce renseignement qui, sous sa plume, n'était pas une forfanterie : « Vous pouvez mettre qu'en fait de compositions tout arrêtées et parfaitement mises au net pour l'exécution, j'ai de la besogne pour deux

HAMLET AU CIMETIÈRE (1839).
(Collection Maurice Cottier, léguée en nue propriété au Louvre.)

existences humaines et quant aux projets de toute espèce, c'est-à-dire de la matière propre à occuper l'esprit et la main, j'en ai pour quatre cents ans ».

Parmi ces « projets tout arrêtés » figurait la décoration de la chapelle de Saint-Sulpice que Charles Blanc lui avait attribuée en 1849, mais dont la destination avait été changée sans que Delacroix en ait été prévenu, de sorte que les compositions qu'il avait préparées pour les fonts baptismaux demeurèrent inutiles lorsque cette chapelle fut définitivement placée sous le vocable des Saints-Anges. Deux épisodes de la Bible, la lutte de Jacob avec l'Ange et la vengeance céleste châtiant Héliodore, profanateur du temple, et un plafond représentant le triomphe de l'archange Michel sur le démon remplacèrent les esquisses primitivement coordonnées. Des difficultés matérielles de toute nature, l'embarras de trouver un praticien au courant des procédés de la peinture à la cire, les soucis que causèrent à Delacroix sa participation à l'Exposition universelle et sa dernière candidature à l'Institut, le délabrement de sa santé rudement éprouvée par l'humidité de l'église et des atteintes de coliques de plomb dues au blanc de céruse, retardèrent plus qu'il n'y avait compté l'achèvement de ces deux vastes parois et de ce plafond dont la mise en train ne commença qu'en 1853.

Delacroix cependant entrevoyait le but, lorsqu'il voulut faire acte de présence au Salon de 1859, en y envoyant huit tableaux de petite dimension : la *Montée au Calvaire*, le *Christ descendu au tombeau*, *Saint Sébastien*, *Ovide en exil chez les Scythes*, *Herminie et les bergers*, *Rebecca enlevée par le Templier pendant le sac du château de Frondebœuf*, *Hamlet*, les *Bords du fleuve Sébou*. A l'exception de Baudelaire, de Paul Mantz et d'Ernest Chesneau, la critique se montra tout à fait hostile, prodiguant, selon l'expression de Burty, « les sots conseils et les piteuses consolations » à l'homme qu'elle avait, quatre ans auparavant, porté aux nues. Maxime Du Camp, par exemple, invitait Delacroix « à retourner aux travaux littéraires qu'il aime et à la musique pour laquelle il était certainement né » et Jean Rousseau citait un passage de Bichat sur les signes caractéristiques de la sénilité dont l'application injurieuse ne pouvait laisser aucun doute. Blessé à fond et résolu à ne plus risquer pareille humiliation, Delacroix trouva du moins une compensation dans l'accueil fait par cette même critique à la chapelle de Saint-Sulpice ouverte au public au mois d'août 1861. Les discordances furent rares et les sympathies (dont quelques-unes mêmes, comme celles de M. Vitet, ne s'étaient pas manifestées depuis les articles du *Globe* de 1827), assez nombreuses pour donner au peintre la joie de sentir que le jugement définitif des hommes de sa génération et de la génération suivante serait, en fin de compte, celui de l'avenir.

Les deux dernières années de la vie de Delacroix ne furent pas les moins laborieuses; il ébaucha quatre grands panneaux allégoriques des *Saisons*, peignit pour Émile

DÉCORATION DU SALON DU ROI A LA CHAMBRE DES DÉPUTÉS.
(Fragment d'après M. Alfred Robaut.)

Péreire une répétition, avec variantes, de *Médée furieuse*, une réduction, également avec variantes, de *l'Empereur Muley Abd-er Rhaman*, quelques tableaux de chevalet, entre autres *l'Education d'Achille* légué à Francis Petit, *Tobie et l'ange* et un *Lion écrasant un caïman* offerts tous deux à son vieil ami Constant Dutilleux; les dernières grandes toiles auxquelles il ait travaillé furent un *Botzaris surprenant le camp des Turcs au lever de l'aurore* et *la Perception de l'impôt arabe;* n'est-il pas curieux qu'au moment où le pinceau allait tomber de sa main défaillante, la pensée du maître soit revenue à ces luttes de l'indépendance hellénique et à cette vision de l'Orient qui avaient enflammé et ravi sa jeunesse?

Sa correspondance, très nombreuse pour la période suprême, nous permet de suivre jusqu'à la fin les progrès du mal sur lequel il ne se faisait point illusion et dont il parle tantôt avec une admirable sérénité, tantôt avec une touchante pudeur, à Soulier, à Guillemardet fils, au baron Schwiter, à Dutilleux, à Mme de Forget, à Andrieu. Revenu de Champrosay à la fin de 1862, il put encore fréquenter les salons de M. Benoit-Champy et de Mme Herbelin, mais, au printemps, les symptômes inquiétants se multiplièrent, les crises devinrent de plus en plus menaçantes et de retour à Paris, où il eut la force de rédiger un testament très important et très détaillé, il s'éteignit le jeudi 13 août 1863, à sept heures du matin.

Les funérailles eurent lieu le lundi 17 août à l'église

Saint-Germain-des-Prés, en présence d'un concours d'amis et d'admirateurs qui eussent été bien plus nombreux à une autre époque de l'année. Les cordons du poêle furent tenus par M. de Niewerkerke, surintendant des Beaux-Arts, F. Jouffroy, Hipp. Flandrin et de Gisors, représentants de l'Institut; les honneurs militaires furent rendus au peintre épique des batailles de Taillebourg, de Poitiers et de Nancy par une compagnie du 20ᵉ bataillon de la garde nationale! Au cimetière, deux discours seulement furent prononcés par le statuaire François Jouffroy, au nom de l'Académie des Beaux-Arts, et par Paul Huet, parlant tant en son nom privé qu'en celui de l'école moderne. La courte oraison funèbre de Jouffroy, pleine de réserves et de réticences, ne souffla mot des peintures murales de Delacroix, rappela brièvement quelques-uns de ses tableaux les plus célèbres et loua surtout la respectueuse déférence avec laquelle « l'interprète passionné et si habile de Byron, de Gœthe et de Shakespeare écoutait (aux séances hebdomadaires de l'Académie) le peintre de l'apothéose d'Homère ». L'improvisation de Paul Huet, lue d'une voix tremblante d'émotion, fut pour la majorité des assistants un soulagement véritable et sembla le jugement anticipé de la postérité lorsqu'il s'écria :

« Penseur profond, peintre admirable qui prend sa place près de Véronèse et de Rembrandt, à côté de Goëthe et de Byron, Delacroix est du petit nombre des artistes qui caractérisent une époque et s'en emparent; il restera l'une des gloires de notre France! »

Cliché Lévy.

NOCE JUIVE DANS LE MAROC (1839).
(Musée du Louvre.)

IV

Le testament de Delacroix a une importance exceptionnelle pour l'histoire intime de sa vie et de sa pensée, comme pour la destinée posthume de ses œuvres car chacun de ses legs répond à une préoccupation spéciale et ses volontés, très nettement exprimées en ce qu concerne sa personne, son tombeau et son atelier, ne sont pas moins significatives. Dans la longue liste de ses légataires, on est surpris, il est vrai, de ne pas rencontrer le nom de son vieil ami Soulier (Pierret était mort en 1854), ni celui d'aucun des critiques d'art qui l'avaient en toute occurrence loué ou défendu; à cette réserve près, il faut reconnaître qu'il n'avait oublié personne de son entourage et de ses proches. Je crois superflu de donner ici une énumération que l'on peut trouver en tête de la *Correspondance*; je me contenterai de rappeler les deux legs les plus importants, ceux de Léon Riesener et de Jenny Le Guillou : à l'un, Delacroix laissait une somme de vingt mille francs, sa maison de Champrosay et de nombreux souvenirs de famille ; à la femme qui veilla sur sa santé et contre les importuns avec un soin si vigilant, mais aussi avec une jalousie de plus en plus intransigeante, il affectait une somme de cinquante mille francs divers souvenirs, entre autres le fameux portrait au gilet vert et la faculté de se constituer dans l'appartement de la rue de Furstenberg « un petit mobilier convenable ». Berryer, le baron Rivet, le baron Schwiter, M. Thiers, George Sand, Mme de Forget, Mme de Rubempré, Mme Duriez de Verninac, Mme Pierrugue, Mme Cavé, Chenavard, Paul Huet, Cournault, Devilly, Maréchal (de Metz), Andrieu, les parents du maître, ses conseils dans ses affaires privées recevaient chacun un ou plusieurs objets, parmi lesquels un certain nombre de ses esquisses. Après avoir interdit toute reproduction *post mortem* de ses traits, et spécifié que sur son tombeau, érigé au Père-Lachaise et copié sur l'antique, il ne figurerait, « ni statue, ni buste, ni emblème », Delacroix ajoutait cette clause capitale :

« J'entends formellement qu'il y ait vente publique et aux enchères de ce qui m'aura appartenu en dehors des objets que j'ai légués et j'impose à mon légataire universel l'obligation de faire procéder à cette vente dans les deux ans qui suivront mon décès ». A cet effet, il avait désigné un groupe de confrères et d'amis, Pérignon, Dauzats, Carrier, le baron Schwiter, Andrieu et Dutilleux auxquels il avait adjoint Philippe Burty, dont Delacroix avait pressenti le goût exquis et le savoir spécial par la rédaction des catalogues de lithographies de Parguez et du colonel de La Combe et par celui de la première exposition de tableaux modernes, ouverte en 1860 au boulevard des Italiens. Après une semaine consa-

Cliché Lévy.

UN NAUFRAGE OU LA BARQUE DE DON JUAN (1841).
(Musée du Louvre.)

créé par la commission à l'examen sommaire des cartons et des portefeuilles contenant plus de six mille dessins, Burty fut seul chargé d'en rédiger l'inventaire et il s'acquitta de cette tâche avec une ferveur dont on retrouve la trace dans l'introduction de la *Correspondance*. « Delacroix avait, dit-il, à plusieurs reprises dans sa vie épuré ses cartons, brûlant ce qu'il jugeait indigne de lui survivre. Jamais il ne les avait vidés pour en tirer profit. Il voulait qu'après sa mort ses dessins vinssent, comme un argument solennel, protester contre les reproches amers d'improvisation et de facilité dont on l'avait poursuivi, et prouver qu'une « improvisation » aussi abondante et aussi solide que celle dont il avait fait preuve dans ses travaux décoratifs et ses tableaux, qu'une semblable « facilité » à exprimer par la forme et la coloration le sentiment et l'idée, à adapter l'esprit du dessin et l'éloquence de la couleur aux convenances du sujet choisi eussent été, sans le secours préalable de l'étude la plus persistante et la plus méthodique, des phénomènes sans exemple dans l'histoire de l'art. »

Burty employa quatre mois « à chercher et à établir des classifications qui laissassent un souvenir sérieux de ce grand héritage et qui permissent à l'expert de ne pas jeter sur table ces trésors à la brassée ». Tableaux, esquisses peintes, dessins, lithographies, eaux-fortes, gravures diverses, furent répartis suivant des divisions méthodiques, complétées chacune par les œuvres de même nature formant la collection particulière du maître.

Évaluée avant les enchères à une centaine de mille francs, la vente dirigée par M. Ch. Pillet, assisté des experts Francis Petit et Tedesco, désignés dans le testament, dura du 17 au 29 février 1864 et dépassa trois cent cinquante mille francs. L'État n'y prit part que pour l'acquisition de quelques dessins. Les amateurs se disputèrent le reste et les lots de croquis ou esquisses relatifs au Maroc, à l'Espagne, à la Normandie, à l'Angleterre, etc., furent divisés en paquets de cinq, dix, vingt feuilles dont on ne peut suivre la trace que sur les exemplaires annotés par les témoins de ces luttes.

Une exposition organisée par Martinet au boulevard des Italiens et ouverte le jour anniversaire de la mort du maître, vint confirmer cette éclatante réparation. D'autres honneurs encore lui étaient rendus. A défaut de M. Piron, légataire universel de Delacroix, mort quelques mois après lui, un autre de ses amis de jeunesse, le baron Rivet présidait à l'exécution et à l'inauguration (22 mai 1865) du tombeau érigé par M. Darcy sur les indications de Delacroix au sommet du Père-Lachaise. Au Salon de 1864, Fantin-Latour exposait sous le titre même de *Hommage à Delacroix* un tableau où il avait groupé au-dessous du portrait du peintre ceux de Champfleury, Baudelaire, Alph. Legros, Ed. Manet, A. de Balleroy, Bracquemond, Whistler, Louis Cordier, Duranty et le sien propre. M. Alfred Robaut entreprenait la publication en fac-similé rigoureux de quelques-uns des plus beaux dessins dont il s'était rendu acquéreur ou qu'on lui avait

Cliché Neurdein.

ENTRÉE DES CROISÉS A CONSTANTINOPLE (1841).

(Musée du Louvre.)

communiqués. M. Ad. Moreau dressait un catalogue méthodique (1873), travail repris depuis sur un autre plan, avec de très nombreuses additions et corrections, par M. Robaut, Ernest Chesneau et M. F. Calmettes (1885, in-4°).

Tandis que la *Revue des Deux Mondes* refusait à M. Rivet un article demeuré malheureusement inédit (sauf quelques pages que lui a empruntées M. Piron), Ch. Baudelaire dans *l'Opinion nationale*, Paul de Saint-Victor dans la *Presse*, Paul Mantz dans la *Revue française*, Th. Pelloquet dans le *Temps*, Th. Silvestre dans le *Figaro*, Ernest Chesneau dans le *Constitutionnel*, etc., révélaient, pour ainsi dire, au public le peu que l'on savait alors de la vie privée de l'homme et de son colossal labeur, resté jusque-là presque ignoré.

La préface et les notes d'une vente spéciale faite par Frédéric Villot, en février 1865, renferment aussi les plus précieuses indications sur les diverses « manières » de Delacroix et d'intéressantes particularités anecdotiques relatives à quelques-uns de ses chefs-d'œuvre, entre autres, au *Meurtre de l'évêque de Liège* acquis par M. Villot à la vente de la duchesse d'Orléans (1852).

En 1865, la famille de M. Piron distribuait à quelques privilégiés un volume intitulé *Eugène Delacroix, sa vie et son œuvre* (in-8°), dont le second sous-titre se justifiait mieux que le premier, puisque l'éditeur y avait rassemblé la majeure partie, mais non la totalité des articles parus dans la *Revue de Paris*, la *Revue des Deux Mondes*, le *Moniteur universel*, etc., sur Raphaël, Michel-Ange, Puget, Poussin, Prudhon, Gros, Charlet, la *Question du beau*, l'*Enseignement du dessin*, certains souvenirs autobiographiques déjà communiqués au Dr Véron, quelques fragments inédits et quelques lettres. M. Alfred Robaut reproduisait en fac-similé à vingt-cinq exemplaires vingt-neuf lettres ou billets adressés de 1840 à 1863 à Constant Dutilleux. En 1865 aussi, Philippe Burty rassemblait dans la *Nouvelle Revue de Paris* les premiers éléments de la correspondance générale du maître, parue seulement en 1878 et dont, de son côté, M. Jules Guiffrey donnait un avant-goût aux lecteurs de l'*Art* d'après les originaux qu'il avait en sa possession ; l'édition Burty, augmentée, entr'autres additions, de très importantes lettres à Frédéric Villot, a reparu en 1880 (2 vol. in-18). Elle a reçu depuis un complément fort précieux malgré de trop nombreuses lacunes, lors de la mise au jour tant de fois réclamée et toujours retardée du *Journal* tenu par l'auteur de 1822 à 1863, annoté par MM. Paul Flat et René Piot (1893-1895, 3 vol. in-8°).

Ce n'est pas dans les écrits destinés à être placés de son vivant sous les yeux du public qu'il faut chercher les dons de Delacroix en tant qu'écrivain : il y est tendu, solennel, pompeux, presque banal, sauf dans de rares pages comme le morceau intitulé *Des critiques en matière d'art*, ou la conclusion de l'article sur la copie de Sigalon d'après le *Jugement dernier* de Michel-Ange, où se décèle une âpre et mélancolique ironie. Sa véritable originalité est dans ses lettres écrites au courant de la plume lorsqu'elles s'adressent à des intimes et qui nous livrent, avec le secret de son caractère, celui de ses ennuis et l'ardeur de son amitié.

« Ce qui frappe d'abord dans cette correspondance, a dit Charles Bigot, c'est le ton de parfaite modestie de l'auteur. Jamais il ne le prend de haut avec ses correspondants, restés de braves et simples bourgeois, même après que la réputation est venue et que son nom est dans toutes les bouches ; ses dernières lettres ressemblent aux premières, alors qu'il était un simple étudiant riche seulement d'espérances. Jamais il ne se considère comme fait d'une autre argile que le reste de l'humanité. Jamais il n'imagine que la destinée ait eu sur lui d'autres desseins ou réservé pour lui d'autres rigueurs que pour le commun des hommes. La chose est à noter, surtout chez un homme illustre de sa génération. Il ne monte sur aucun piédestal ni sur aucun trépied, alors même que les bons et fidèles cœurs auxquels il s'adressait le lui eussent pardonné; jamais il ne ressemble à un héros qui descend de l'Olympe et, au sortir de la société des dieux, daigne s'entretenir avec les mortels. Ses anciens camarades sont restés ses égaux, quelque distance qu'aient pu mettre entre eux et lui le talent naturel, le travail, les chances de la vie. Il vient à eux comme jadis, la main ouverte et le cœur sur la main ; pas l'ombre d'un air de protection ou de supériorité ; aucun besoin de se hausser au-dessus du vulgaire. Ce qu'il leur raconte le plus volontiers, ce sont justement ses découragements, ses faiblesses, ses défaillances, ce qu'un homme plus soucieux de sa vanité cacherait le plus soigneusement. Jamais il n accuse le sort, ni l'injustice des hommes; jamais il ne se représente en génie méconnu et incompris : s'il parle de lui à ses correspondants, c'est qu'il n'ignore pas que nul sujet ne les intéresse davantage, car ils l'aiment de cœur comme il les aime lui-même. Ah! qu'il a raison de les traiter ainsi! Et, de toutes les égalités, n'est-ce pas en effet la première et la plus vraie que la générosité du cœur ?

« Si grand qu'ait pu être le génie de Delacroix, il y avait en lui quelque chose d'aussi rare : la délicatesse et la chaleur de son âme. Ce n'est pas sous la forme la plus ordinaire dans l'humanité moderne, sous la forme de l'amour, qu'elle s'est manifestée surtout; et il y aurait là occasion sans doute à plus d'un commentaire intéressant. La passion tint sans doute une place considérable dans sa vie : on le devine à plus d'une phrase jetée çà et là. Il aimait trop la musique, la poésie, la beauté de la forme; il était trop nerveux et sensible, pour que l'amour ne le visitât pas. Mais il était trop nerveux aussi, peut-être trop fils encore du XVIIIe siècle, pour trouver dans une affection féminine la paix du cœur et le repos de sa vie. Il était prompt à s'enflammer, prompt à se déprendre aussi. L'amour qu'il connut, ce fut l'amour passionné, avec ses frémissements impétueux, avec ses orages et ses désenchantements...

« La vraie passion de sa vie, ce fut l'amitié. Je ne crois

pas que jamais homme ait plus et mieux aimé ses amis que ne le fit celui-là, se soit donné à eux plus complètement, ait été à eux d'une affection plus entière et plus constante. Guillemardet, Pierret, Soulier, ces trois noms ne peuvent plus être séparés de celui de Delacroix. Tout jeune, c'est à eux qu'il éprouve le besoin de communiquer ses joies, ses enthousiasmes, de raconter ses voyages, de faire connaître ses impressions : quand il a trouvé et compris cette *Églogue à Gallus* de Virgile qui l'a transporté, c'est pour l'un d'eux qu'il la traduit afin que celui-ci admire à son tour comme lui-même l'a admirée; si l'un d'eux voyage en Italie, il s'élance vers lui en ce beau pays dont il rêve. Ils ont chaque année leur rendez-vous fixe, le 31 décembre au soir, où ils se réunissent à tour de rôle tantôt chez l'un, tantôt chez l'autre, pour commencer ensemble en s'embrassant l'année nouvelle. Il prend part à leurs joies comme à leurs tristesses. De loin, de près, il les chérit également. Quelle fête de se retrouver après les longues séparations, de vider ensemble une bonne bouteille de vieux vin, que Delacroix aime comme il aime un bon cigare! Quelle joie de remuer les vieux souvenirs, de se rappeler certaine grande course faite ensemble par le froid! Il ne passe jamais par la place Vendôme sans reconnaître et saluer là-haut la fenêtre de telle mansarde où jadis ils s'assemblaient et mettaient en commun leurs espérances...

« La nature est cruelle; elle sépare ceux qui s'étaient choisis pour vivre ensemble; la grande et éternelle séparation suit les autres. Guillemardet part le premier, puis vient le tour de Pierret, deux seulement demeurent, du faisceau des quatre amis. Mais Delacroix n'oublie pas ceux qui sont partis : il aime à rappeler leurs noms; son cœur est resté chaud pour eux comme lorsqu'ils étaient là ; en lui ils vivent toujours et ce n'est jamais sans émotion qu'il peut songer à eux. Il aime en mémoire d'eux leurs enfants, leurs neveux. Le lecteur se sent gagné à son tour par ces élans de tendresse, ces épanchements si sincères, cette éruption du cœur qui ne s'est pas refroidie en passant sur le papier. »

D'autres amitiés de date moins ancienne furent aussi une place réelle dans ses affections. Telle fut celle qui l'unit à Frédéric Villot et à Constant Dutilleux. La sollicitude de Delacroix pour un camarade de sa jeunesse, qui fut aussi celui de Bonington et de Poterlet, Alex. Colin, pour Auguste Préault ou pour Pierre Andrieu, ne se dément en aucune circonstance. S'agit-il de remercier les critiques à qui il dut la joie d'être enfin compris, Gautier ou Thoré, ou ceux qui, venus quand la victoire approchait, ont hâté son heure, comme Théophile Silvestre et Baudelaire, Delacroix trouve toujours le mot délicat et juste, sans fausse modestie, et sans vain orgueil. Quel sens exquis de l'art il révèle quand il résume pour Thoré ses souvenirs sur Bonington, ou quand il évoque, pour Th. Silvestre, les noms des artistes anglais qui l'accueillirent si cordialement à Londres en 1825! Une belle page de prose ne le touche pas moins : quand bien même Paul de Saint-Victor n'eût pas été en son temps fêté par tous les maîtres en

ESQUISSE DU PLAFOND DE LA GALERIE D'APOLLON AU LOUVRE (1849).
(Dessin de la collection du baron Vitta.)

l'art d'écrire, une lettre comme celle que Delacroix lui adressa sur un feuilleton consacré à la légende du Cid (1856) eût été l'honneur de sa carrière d'écrivain.

L'existence des manuscrits constituant le *Journal* intime d'Eugène Delacroix avait été longtemps mise en doute, et lorsqu'on eut acquis la certitude qu'ils n'avaient pas été détruits, leur publication semblait indéfiniment ajournée. Jenny Le Guillou avait assuré à Th. Silvestre que, malgré ses supplications, Delacroix avait lacéré et mis au feu seize ou dix-huit agendas renfermant tout ce qu'il avait tracé ainsi au jour le jour. En réalité, elle les avait cachés dans un bûcher et, quelque temps après, elle laissa prendre copie d'une partie de leur contenu à Constant Dutilleux et à M. Robaut, son gendre. De son côté, Pierre Andrieu les avait transcrits, et les originaux avaient fait depuis retour à la famille Duriez de Verninac. D'autres copies fragmentaires existaient entre les mains de Th. Silvestre, de Burty et de MM. Piron et Rivet. Pour des motifs multiples, l'entente n'avait pu se faire entre les détenteurs de ces précieux vestiges. Ces difficultés se sont plus tard aplanies et MM. Paul Flat et René Piot ont pu coordonner, annoter et vérifier autant que possible sur les autographes les copies que leur avaient confiées Mme Vve Andrieu et M. Alfred Robaut.

Il s'en faut, néanmoins, que le *Journal* se présente à nous dans son intégralité primitive. J'ai dit plus haut que Delacroix le commença pendant un séjour chez son frère le général, le 3 septembre 1822, jour anniversaire de la mort de sa mère ; il le continua très exactement jusqu'au

5 octobre 1824. L'année 1825 ne renferme qu'une page sur Byron, écrite probablement en Angleterre et qui semble un fragment de quelque article projeté. Les années 1826, 1829, 1831, 1835, 1839, 1841-42, 1845, 1848 et toute la fin de 1851 manquent en entier. Or, Delacroix ne confiait pas sa pensée à ses seuls agendas : il n'est point de carnet de croquis, si mince qu'il fût, où l'on n'ait pu relever une pensée philosophique, une remarque technique, un projet de tableau. La solitude dans laquelle il se complaisait volontiers et l'absence de mémoire dont il se plaint, expliquent cette fureur d'écriture dont aucun autre artiste moderne n'a donné l'exemple à un pareil degré. Ces carnets, au nombre de cinquante environ, ont été dispersés lors de la vente posthume. Le plus important de tous, celui sur lequel Delacroix inscrivait, du 26 janvier au 21 mars 1832, tout ce qui le frappait durant son voyage au Maroc, en Algérie et en Espagne, a été légué par Burty en usufruit au Dr Charcot et en nue propriété au Louvre qui le possède aujourd'hui. MM. Flat et Piot avaient obtenu de Charcot l'autorisation d'en donner le texte (ainsi qu'une page de fac-similé) et il n'eût peut-être pas été impossible de retrouver chez divers amateurs ou dans des publications antérieures, notamment dans le livre posthume de Piron, de quoi combler quelques-unes des lacunes de leur travail.

Quoi qu'il en soit, la justesse de l'axiome formulé par Delacroix et souvent cité : « On ne connaît jamais assez un maître pour en parler absolument et définitivement », se vérifie aujourd'hui à l'égard de lui-même. Il semblerait en effet qu'après les innombrables travaux dont l'homme et l'artiste ont été l'objet, et que quelqu'un a jadis entrepris de cataloguer, et surtout après la mise au jour de sa correspondance, tout ait été dit sur son compte par lui et par ses contemporains. Bien au contraire, le *Journal* nous apprend, à chaque page, quelque chose de nouveau, non seulement parce qu'il est rempli de ces menus faits dont les pédants de la critique font si volontiers bon marché, et qui réjouissent fort les biographes, mais parce que la psychologie de Delacroix s'en dégage plus nettement encore. La correspondance, infiniment précieuse d'ailleurs, nous a montré, si j'ose dire, l'homme extérieur. Grâce au *Journal*, on sait maintenant la part que Delacroix a faite dans sa vie à l'amour, à l'amitié, aux lettres, à l'art enfin, à l'art surtout, et comme il subordonna toutes ses passions à une seule, celle du travail.

En fermant un livre de cette nature, le lecteur se demande toujours si l'auteur n'a bien réellement tenu la plume que pour lui-même, ou s'il a songé que d'autres le parcourraient à leur tour. Ces deux préoccupations sont sensibles dans le *Journal* de Delacroix. Au début, il prend l'engagement de ne montrer ces notes à personne; plus tard, et à mesure qu'il sentit s'accroître sa facilité d'écrir et ses facultés d'analyse, il mêla aux incidents quotidiens des réflexions générales, le résumé des propos qu'il avait tenus et qui l'avaient frappé, le brouillon ou la copie des lettres auxquelles il attachait plus d'importance, et certain nement, dans sa pensée, le *Journal* n'était plus destiné à lui seul, ainsi qu'il en convenait un jour devant Mme Riesener. C'est affaire au lecteur de déterminer sa préférence pour l'une ou l'autre de ces deux « manières ». Pour ma part, j'y trouve une égale séduction, car si ces premières notes m'apprennent une foule de particularités dont ma curiosité fait son profit, les pages plus travaillées ou Delacroix expose ses opinions sur la prétendue perfectibilité humaine, sur la vanité du progrès, sur la science contre laquelle il témoigne d'une partialité excessive, amère, et injuste, sur le besoin incessant de nouveauté qui tourmente les plus ignorants comme les plus lettrés, sur Rubens, sur l'amour, sur la gloire, sur les ravissements et les mélancoliesque lui cause chaque année son retour à Champrosay, etc., assignent au *Journal* une place d'honneur dans la bibliothèque des délicats.

V

Treize ans s'étaient écoulés depuis la mort de Delacroix, lorsque M. Henri Delaborde, secrétaire perpétuel de l'Académie des Beaux-Arts, se décida, dans la séance publique annuelle du 28 octobre 1876, à prononcer l'éloge réglementaire que M. Beulé, son prédécesseur, avait toujours éludé ; mais ces pages incolores ne contiennent ni un fait nouveau, ni une appréciation originale et l'on peut y noter en outre l'omission singulière de la plupart des grandes œuvres du maître, puisque, parmi ses peintures murales, M. Delaborde ne mentionne que le salon du Roi et le plafond de la galerie d'Apollon !

En 1885, un comité, présidé par Auguste Vacquerie, prit l'initiative d'une souscription publique et d'une exposition à l'École des Beaux-Arts destinées toutes deux à couvrir les frais d'un monument en l'honneur de Delacroix. Quoique nombreuses, les souscriptions seraient demeurées insuffisantes sans l'appoint considérable que fournit l'exposition du quai Malaquais organisée par MM. Robaut et Calmettes, en sorte que, selon le mot de Vacquerie, « ce monument, c'est Delacroix qui se l'est élevé à lui-même ».

Les rédacteurs du catalogue (qui avaient eu la singulière

idée de classer les œuvres exposées par ordre alphabétique des noms de leurs possesseurs, au détriment de la chronologie, si importante en pareil cas), s'étaient adressés à Paul Mantz pour lui demander une préface où il a magistralement défini le propre du génie de Delacroix et caractérisé les évolutions successives par lesquelles il avait passé avant d'atteindre à la maîtrise suprême.

« Delacroix, dit-il, voyait son tableau avant de le peindre : la composition, le coloris, la lumière, tout ce qui est l'enveloppe et l'expression de la pensée se révélait en même temps, et le commencement du travail était, comme la fin, une harmonie. Mais, pendant la période de réalisation, l'artiste avait des impatiences qu'il ne surveillait pas assez, des fièvres qui agitaient sa main. De là, à prendre les choses au point de vue purement graphique, des singularités, des défaillances peut-être, dont se sont jadis étonnés les gens tranquilles. Chez les peintres qui n'expriment rien, ces accidents ne se produisent pas : la nullité les protège contre l'erreur, l'indigence leur est une sûreté. Delacroix ignora toujours ces allures sereines, que quelques-uns trouvent enviables, mais qui rappellent trop le sang-froid du manœuvre, peignant avec calme les panneaux d'une porte cochère. Parfois, il a paru ne pas gérer sa verve avec la mesure que recommande la prudence. Mais, à ce propos, des réserves formelles doivent être faites, et nous ne voudrions point qu'on tirât des conséquences fâcheuses du lamentable cliché dont nous venons de nous servir. Le peintre glorieux n'est pas, autant qu'on

LE LEVER (1852).
(Collection Auguste Vacquerie.)

l'a prétendu, l'inconsciente victime du hasard. Nous n'avons jamais cru à l'existence du « balai ivre » que l'ancienne critique mettait entre ses mains affolées. Delacroix a des étrangetés décoratives et volontaires...

« Un critique de 1827 prédisait à Delacroix qu'il ne dessinerait jamais comme Girodet. Cette facile prophétie s'est réalisée : est-ce un malheur? est-ce une gloire? Qu'on l'étudie dans ses grandes pages décoratives, dans ses tableaux de chevalet, dans les moindres croquis échappés à sa verve, Delacroix se préoccupe avant tout de l'idée à exprimer, du sentiment à traduire. De là son agitation et ses violences émouvantes. Mais on a trop dit que chez lui, l'inspiration s'exaltait outre mesure et que, dans ses emportements, il laissait courir au hasard son pinceau enivré. Les choses ne se passaient point ainsi : au plus fort de sa lutte avec l'idée, Delacroix gardait une raison souveraine; s'il allongeait un membre un peu plus qu'il n'aurait convenu, s'il infléchissait trop violemment un torse, c'est qu'il avait besoin, ici d'exagérer une ligne, là d'accentuer une courbe pour obtenir dans la contexture générale de son dessin cette harmonie, cet équilibre, qu'il a toujours cherchés dans son coloris. Les tableaux de Delacroix sont « pleins », je veux dire que ses compositions, méthodiquement enchevêtrées, ne présentent pas à l'œil de lacunes irritantes, et que ses contours, pour être un peu ondoyants, se déroulent toujours selon les exigences d'une loi raisonnée et voulue. Il vise résolument à l'effet d'ensemble, et, comme certains

Italiens, il est heureux d'obéir à la douce fatalité de l'arabesque.

« Le dessin de Delacroix et son style amoureux du décor ont provoqué jadis d'interminables querelles; mais les témoins des anciennes luttes sont là pour affirmer que, même au plus fort de la bataille, le coloriste échappait à toutes les attaques. Il fallait bien reconnaître en lui un musicien habile à la concordance des tons et à la combinaison des ensembles brillants et disciplinés. La couleur et les séductions qu'elle implique sont en effet un des privilèges de Delacroix. Dès sa première jeunesse, il y songea par une sorte de sentiment instinctif, et il eut le violent désir de restituer à l'Ecole française le don qu'elle avait perdu; bientôt, il joignit à cette prédisposition naturelle une véritable science des accords, fondée sur de longues observations, et assise sur des bases tellement solides que l'éloge qu'on a décerné à Andrea del Sarto, le dessinateur *senza errori*, on pourrait, au point de vue de l'harmonie des tons, l'adresser à l'auteur de la *Justice de Trajan*. Delacroix est le coloriste qui ne se trompe pas. »

Après avoir rappelé combien est sensible dans les œuvres de jeunesse l'influence de Géricault, puis celle de Bonington et des peintres anglais qu'il avait connus à Paris et à Londres, Paul Mantz observe avec raison que c'est l'Afrique qui lui donna définitivement la richesse variée de sa couleur et la qualité de sa lumière. « Dans cette course enchantée, dont il se souvint toute sa vie, il ne trouva pas seulement des types d'un caractère charmant ou

Cliché Buloz.

MICHEL-ANGE DANS SON ATELIER (1851).
(Musée de Montpellier.)

solennel, les modèles qu'il a mis en action dans les *Femmes d'Alger*, la *Noce juive*, le *Muley Abd-er-Rhaman*, et vingt autres chefs-d'œuvre, il vit le paysage, les grands ciels implacablement bleus, et, même au milieu des accidents les plus colorés, les adoucissements que les reflets font subir à l'intensité du ton local, cette réconciliation des vivacités particulières qui s'entendent pour constituer une harmonie. Il vécut pendant quelques mois dans un monde de transparences et il n'oublia jamais la limpidité du jour africain. Dans les intérieurs où s'enferme le rayon prisonnier, il a fait pénétrer des lumières tièdes dont la finesse le classe parmi les clair-obscuristes les plus pénétrants.

« Ce voyage au Maroc lui apprit aussi comment la couleur se comporte au soleil, et il sut désormais tout ce qu'un honnête homme peut savoir sur la coloration des ombres et sur le rôle des reflets calmants. Au retour de cette expédition, les leçons prises sur le vif des réalités se fondirent dans une sorte de synthèse lumineuse qui devint sa règle et son bréviaire. Le travail de l'esprit s'ajouta chez Delacroix aux images dont ses yeux avaient gardé le souvenir, et il n'acheva pas une peinture sans y faire briller les qualités spéciales que Fromentin a si bien caractérisées quand il a dit : « Delacroix a imaginé, même « pour ses tableaux de plein air, une sorte de jour élyséen, « doux, tempéré, égal, que j'appellerai le clair-obscur des « campagnes ouvertes. Il a pris à l'Orient les bleus forts de « son ciel, ses ombres blêmes, ses demi-teintes molles ;

« quelquefois, il a fait tomber sur un parasol ouvert quelque « chose comme la pesanteur d'un morne et lourd rayon du « soleil, mais il se plaît dans les demi-clartés froides, la vraie « lumière de Véronèse. »

« Et, en effet, comme l'a dit justement Fromentin, Delacroix est un frère de l'auteur des *Noces de Cana*. Il a aussi d'intimes ressemblances avec Tintoret, avec celui du moins qui, avant de tomber dans l'abus des tons roux, oppose scientifiquement les bleus intenses aux orangés superbes, les rouges éclatants aux verts robustes. Ce que Venise avait su, ce que l'école de David avait si tristement oublié, Delacroix le retrouva. Tout est calculé dans ses colorations; les tons s'appellent et se répondent, ils jouent les uns avec les autres, en raison de leur valeur contrastée, ils s'exaltent au bon endroit, ils se rompent ou se rabattent pour éviter les trop brusques contacts et pour constituer le tissu, à la fois puissant et modéré, d'une merveilleuse étoffe orientale. Je ne cite aucun exemple ; le charme harmonieux est partout, et partout aussi la leçon.

« Le coloris d'Eugène Delacroix a un autre caractère. Par une vertu bien rare dans toutes les écoles, il garde quelque chose de subtil et d'intellectuel. Il est toujours le vêtement que réclamait la pensée. Dans sa variété, infinie comme l'âme humaine, il contient du drame ou de la joie. Tantôt l'artiste souverain entrelace les notes gaies et brillantes, tantôt il entremêle les accords attristés et tragiques. Ses tableaux vous parlent de très loin : vous êtes averti; vous savez que le peintre va vous conter

JÉSUS SUR LE LAC DE GÉNESARETH (1853).

une histoire heureuse ou une sinistre aventure. Il a la fanfare ou l'épouvante, le sourire ou le sanglot. Chez Delacroix la couleur n'a jamais cessé d'être un langage. »

D'une commune voix, et pour obéir à l'antipathie manifestée hautement par Delacroix à l'égard des concours, le comité demanda l'exécution du monument projeté à Jules Dalou et n'eut qu'à se louer de son choix, car, depuis la mort de Carpeaux, nul statuaire n'a possédé comme Dalou le sens de la vie et des allégories parlantes. Dans la composition dont il soumit le plan au comité, la jeune Gloire, soulevée par le Temps, dépose une palme au bas du buste de Delacroix tandis qu'Apollon, dieu des arts, applaudit à cet acte de tardive justice.

L'inauguration eut lieu le 5 octobre 1890, sur l'emplacement concédé par la questure du Sénat, à l'extrémité du jardin particulier de la présidence. Divers discours furent prononcés par Auguste Vacquerie, par M. Léon Bourgeois, ministre de l'Instruction publique, par Paul Mantz, comme doyen de la critique d'art. Enfin M. Delaborde exposa au nom de l'Institut cette théorie bizarre que, si l'Académie avait si longtemps repoussé Delacroix, c'était pour faire pièce à des partisans trop bruyants que Delacroix (M. Delaborde en convint) était d'ailleurs le premier à répudier.

Bien qu'aujourd'hui, selon l'expression même de M. Delaborde, sa gloire n'ait plus besoin d'être défendue, la situation de Delacroix n'en reste pas moins aussi exceptionnelle que de son vivant. Il demeure devant la postérité ce qu'il fut pour ses contemporains : un isolé. Son nom, certes, est célèbre entre tous, mais son œuvre est actuellement encore bien mal connu. On a vu plus haut comment la guerre civile nous a privés du *Justinien* du Conseil d'État et du Salon de la Paix à l'Hôtel de Ville. La mauvaise qualité des toiles, des couleurs et des huiles employées par l'artiste a compromis l'existence des peintures du Palais-Bourbon, du Luxembourg et du Louvre, et il a fallu plusieurs fois procéder à des restaurations urgentes. Si le Louvre peut montrer à tous *Dante et Virgile*, le *Massacre de Scio*, la *Noce juive*, la *Barque de don Juan*, offerte par Mme Ad. Moreau au nom de son mari, l'*Entrée des Croisés à Constantinople*, les *Femmes d'Alger*, le portrait de l'auteur peint en 1829 et légué par Jenny Le Guillou, s'il possède en nue propriété le *Jeune tigre jouant avec sa mère* et l'*Hamlet au cimetière* (1839), légués par M. Maurice Cottier, si la donation Tommy Thiéry est à la veille de l'enrichir de huit toiles de choix (*Ophélie*, le *Christ en croix, Persée délivrant Andromède*, le *Lion au sanglier*, la *Fiancée d'Abydos*, le *Lion dévorant un caïman* et une réduction de *Médée*), d'autres tableaux du premier ordre sont enfouis dans des collections privées, ou conservés dans des musées relativement lointains : *Marino Faliero* est à Londres, dans la galerie publique formée par sir Richard Wallace, la *Médée furieuse* est à Lille, *Marc-Aurèle* à Lyon, *la Justice de Trajan* à Rouen, *Muley Abd-er-Rhaman* à Toulouse, et la série la plus riche des tableaux de chevalet et des esquisses a été

LES DISCIPLES D'EMMAUS (1853).

donnée par Alfred Bruyas à la ville de Montpellier.

Aux quatre dessins acquis par l'administration du Louvre à la vente posthume (*Femme d'Alger*, étude au pastel pour le tableau du Salon de 1834, l'*Affût, Lion dévorant un cheval*, *Tête de lion tournée à gauche*, *la gueule ouverte*), la générosité de M. Paul de Laage et de Philippe Burty a, depuis, ajouté les deux admirables dessins de l'*Éducation d'Achille* ou du *Centaure* (expressément désigné par le maître dans son testament) et de la *Montée au Calvaire*, projet non exécuté pour l'église Saint-Sulpice. A défaut de l'esquisse peinte du plafond de la galerie d'Apollon, conquise par le musée de Bruxelles à la vente posthume de M. Piron (1865), le Louvre peut encore montrer l'ébauche au crayon (acquise en 1894), de cette vaste et admirable composition.

Depuis 1885, deux nouveaux appels ont été faits au bon vouloir des municipalités, des fabriques et des particuliers à l'occasion des expositions centennales de 1889 et de 1900, et telle a été la fécondité de Delacroix que les quatorze tableaux et les quatorze dessins recueillis par les organisateurs de 1900 ne faisaient nullement double emploi avec ceux que leurs prédécesseurs avaient réunis en 1889.

La gravure aurait pu du moins, semble-t-il, populariser quelques-unes de ces compositions les plus célèbres : il n'en est rien. Sans doute, il existe d'après plusieurs d'entre elles d'excellentes lithographies de Mouilleron, de Sirouy, d'Eugène Leroux, de belles eaux-fortes de Bracquemond. Des amateurs, tels que F. Villot ou Bouruet, se sont plu à traduire sur le cuivre des improvisations destinées à l'intimité et qui ne sont pas sorties de ce cercle étroit ; vainement aussi, M. Robaut a calqué avec une perfection rare nombre d'esquisses frémissantes de vie et de passion ; pourquoi les interprètes de Delacroix réussiraient-ils là où le maître lui-même attend encore la place qui devrait lui être faite? Paris ne possède aucun musée spécialement consacré à la gravure et le vestibule du Cabinet des estampes de la Bibliothèque nationale, qui jusqu'à présent en a tenu lieu, renferme en tout *deux* spécimens de cette partie de l'œuvre de Delacroix : une planche de la série d'*Hamlet* et une épreuve de la *Médée* lithographiée par Lassalle !

Dans une étude sur *l'Art en France*, écrite pour le *Paris-Guide* de 1867 et incorporée depuis dans les *Essais de critique et d'histoire*, Taine, résumant devant un grand seigneur italien, son interlocuteur fictif, le rôle d'Ingres et celui de Delacroix, a dit du second :

« Il y a un homme dont la main tremblait et qui indiquait ses conceptions par des taches vagues de couleur ; on l'appelait le coloriste, mais la couleur pour lui n'était qu'un moyen. Ce qu'il voulait rendre, c'était l'être intime et la vivante passion des choses. Il n'était point heureux comme vos Vénitiens, il ne songeait pas à récréer ses yeux, à suivre des dehors voluptueux, le splendide et riant étalage des corps florissants. Il pénétrait plus loin, il nous voyait nous-mêmes, avec nos générosités et nos

HÉLIODORE CHASSÉ DU TEMPLE (1861).
(Église Saint-Sulpice.)

angoisses. Il allait chercher partout la plus haute tragédie dans Byron, Dante, le Tasse et Shakespeare, en Orient, en Grèce, autour de nous, dans le rêve et dans l'histoire. Il faisait ressortir la pitié, le désespoir, la tendresse et toujours quelque émotion déchirante ou délicieuse de ses tons violacés et étranges, de ses nuages vineux brouillés de fumées charbonneuses, de ses mers et de ses cieux livides comme le teint fiévreux d'un malade, de ses divins azurs illuminés où des nues de duvet nagent comme des colombes célestes dans une gloire, de ses formes élancées et frêles, de ses chairs frémissantes et sensitives d'où transpire l'orage intérieur, de ses corps tordus ou redressés par le ravissement ou par le spasme, de toutes ses créatures inanimées ou vivantes avec un élan si spontané et si irrésistible, avec une conspiration si forte de la nature environnante, que toutes ses fautes s'oublient et que, par delà les anciens peintres, on sent en lui le révélateur d'un nouveau monde et l'interprète de notre temps. Allez voir sa *Médée*, son *Dante aux Champs Élysées*, son *Tasse*, son *Évêque de Liège*, ses *Croisés à Constantinople*, sa *Bataille de Nancy*, sa *Barque de don Juan*, son *Invasion d'Attila* et le reste, et grondez, en le comparant aux vieux maîtres; mais songez qu'il a dit une chose neuve et la seule dont nous ayons besoin ».

Cette « chose neuve » que Delacroix a dite, combien l'entendent aujourd'hui? Et pourquoi exiger de la foule une émotion que les artistes actuels sont impuissants eux-mêmes à ressentir? Un peintre de talent, foudroyé depuis en pleine vogue, rencontrant Burty à l'exposition de l'École des Beaux-Arts, lui disait : « C'est sans intérêt pour nous. Nous ne voyons plus comme çà ; Bastien-Lepage nous paraît plus chercheur et meilleur coloriste ». Paul Mantz avait donc raison d'écrire dans la préface du catalogue de cette même exposition : « Il est vrai qu'il y a dans toute œuvre d'art, avec une essence qui subsiste, un parfum qui s'évapore et dont les générations renouvelées ont parfois de la peine à sentir la saveur. Sommes-nous bien sûrs de comprendre Michel-Ange comme le pouvait faire un Florentin de 1520 ? Dans le clair-obscur dont Rembrandt enveloppe sa pensée, une parcelle d'émotion est peut-être perdue pour l'esprit moderne. Quelque chose de pareil, — et ce serait une ressemblance de plus avec les inventeurs éternels, — pourrait arriver à Delacroix. Les hommes vivent dans un rêve qui se déplace à toute heure. L'avenir reste le maître de ses enthousiasmes et nous n'avons à lui dicter aucune loi ».

Qu'importent ces réactions passagères et les palinodies des descendants aveulis d'une génération héroïque ? Sans doute aucune œuvre humaine ne résiste tout entière à l'effort du temps ; mais les fils du XIXe siècle français ont le devoir de proclamer d'ores et déjà que son cycle n'aura pas été inutile, puisqu'à côté des noms immortels invoqués par les autres nations dans les Lettres et dans les Arts, ils peuvent hardiment inscrire ceux de Victor Hugo, de Balzac et d'Eugène Delacroix.

TABLE DES GRAVURES

Eugène Delacroix, par lui-même (1829) (Musée du Louvre).... 9
Épisode des massacres de Scio (1824) (Musée du Louvre)..... 13
Le Tasse dans la prison des fous (1825) (Collection Paul Meurice).. 17
La Grèce à Missolonghi (1826) (Musée de Bordeaux)........... 21
Nature morte (1826) (Collection Étienne Moreau-Nélaton)..... 25
Sardanapale (1827) (Collection du baron Vitta).............. 29
Jeune Tigre jouant avec sa mère (1829) (Collection Maurice Cottier).. 33
Lion dévorant un Lapin (1829). Lithographie originale........ 41
Bataille de Nancy. Mort de Charles le Téméraire (1831) (Musée de Nancy).. 45
Femmes d'Alger dans leur appartement (1834) (Musée du Louvre)... 49
Combat du Giaour et du Pacha (1835) (Collection du baron Gérard).. 53
Le Prisonnier de Chillon (1835) (Collection Étienne Moreau-Nélaton).. 57
Médée furieuse (1838) (Musée de Lille)...................... 67

Hamlet au cimetière (1839) (Collection Maurice Cottier)....... 73
Décoration du salon du Roi à la Chambre des députés. (Fragment d'après M. Alfred Robaut.)........................ 77
Noce juive dans le Maroc (1839) (Musée du Louvre).......... 81
Un naufrage ou la Barque de don Juan (1841) (Musée du Louvre).. 85
Entrée des Croisés à Constantinople (1841) (Musée du Louvre). 89
Esquisse du plafond de la galerie d'Apollon au Louvre (1849) (Dessin de la collection du baron Vitta).................... 97
Le lever (1852) (Collection Auguste Vacquerie)............... 105
Michel-Ange dans son atelier (1851) (Musée de Montpellier)... 109
Jésus sur le lac de Génésareth (1853)........................ 113
Les disciples d'Emmaüs (1853)............................... 117
Héliodore chassé du Temple (1861) (Église Saint-Sulpice)..... 121

TABLE DES MATIÈRES

I. — Origines. — Ascendances et parentés de Delacroix. — Enfance et adolescence. — Premières œuvres. — Entrée à l'atelier de P. Guérin et à l'École des Beaux-Arts. — Séjours en Angoumois et dans le Limousin. — *Dante et Virgile* (Salon de 1822). — *Massacres de Scio* (Salon de 1824). — Voyage en Angleterre (1825). — *Sardanapale* et *Marino Faliero* (Salon de 1827). — *Faust*, lithographies d'après le drame de Gœthe. — Expositions diverses et travaux pour des particuliers. — Commandes de l'État, du duc d'Orléans et de la duchesse de Berry 5

II. — Salon de 1831. — Voyage au Maroc, à Alger et en Espagne (1832). — Salons divers; ostracisme persistant du jury. — Peintures murales du Salon du Roi et de la Bibliothèque de la Chambre des députés (1833-1847). — Hémicycle et coupole de la Bibliothèque de la Chambre des Pairs (1845-1847). — La *Pieta* de l'église Saint-Denis-du-Saint-Sacrement (1844). — Lithographies d'après *Hamlet* et *Goetz de Berlichingen*............... 39

III. — Le plafond de la galerie d'Apollon au Louvre (1851). — Le salon de la Paix à l'Hôtel de Ville (1854). — Exposition universelle de 1855. — Élection à l'Académie des Beaux-Arts (1857). — La Chapelle des Saints-Anges à Saint-Sulpice (1861). — Dernières années, mort et funérailles de Delacroix.......................... 65

IV. — Vente posthume (1864). — Hommages divers. — *Correspondance* et *Journal intime* du maître.................. 83

V. — Éloge de Delacroix par H. Delaborde (1876). — Exposition organisée à l'École des Beaux-Arts et souscription publique en vue d'ériger un monument à Delacroix (1885). — Inauguration du groupe de Dalou (1890). — Répartition actuelle des principales œuvres du maître. — Jugements divers. — Rôle et place de Delacroix dans l'École française.................. 103

2800-04. — Corbeil. Imprimerie Ed. Crété.

www.ingramcontent.com/pod-product-compliance
Ingram Content Group UK Ltd.
Pitfield, Milton Keynes, MK11 3LW, UK
UKHW021059260726
13994UKWH00002B/591

9 782329 374666